我がままに
生きる。

はじめに

「現場の東海林です」。

今では、私も当たり前のようにこのフレーズを使いますが、実は事件現場では一度も使ったことがありません。使っていたのは現場ではなく、フジテレビの人気バラエティ番組「いただきます」の中でのことだったのです。当時、新宿区河田町にあったフジテレビ裏の家を事件現場に設定し、私がそこからリポートするというコーナーを持たせて頂いていました。

「現場の東海林です。今回はこの家のパンツが盗まれました」などといった架空の事件をリポート。「以上、現場から東海林がお伝えしました」の〆コメントを合図に障子が閉まるという内容でしたが、これがなかなかキャッチーで、以来このフレーズはすっかり私の代名詞になったのです。

ワイドショーのリポーターを始めたのは40歳の頃。ニッポン放送のアナウンサーやテレビショッピングのMCなどを経てからだったので、かなりのスロースターターでした。

その後、約20年に渡り事件リポーターを続けてきましたが、1995年1月17日の阪神淡路大震災の取材を最後に、私はリポーター人生に終止符を打ちました。辞めた理由はいくつかありますが、それはまた後ほどお伝えするとして、ここでは未曽有の大地震で発見されたある小さな命のお話をします。

その年の10月、私は「まけるなしんちゃん―阪神大震災の子どもたち」という本を出版しました。これは、瓦礫の下で二日間飲まず食わずだったのに、奇跡的に生きて発見された9歳のしんのすけ君の記録です。震災で受けた手足のケガと母親の死を乗り越えて力強く生きるしんちゃんの姿を多くの人に伝えたい、そんな思いで、この本を書きました。

あれから25年。奇しくもリポーター人生最後の取材となった阪神淡路大震災の凄惨な現場は、今でも私の脳裏を離れることはありません。

『34歳になったしんちゃんは、今も元気にしているでしょうか。私は、あの時しんちゃんに教えてもらった生き抜く力を支えに、今も元気に生きています』

私は今86歳です。

厳密にいうと、今年の5月に86歳になったばかり。

一昨年は夫に、さらに昨年は愛猫に先立たれ、現在は長年住んでいるマンションに一人暮らしです。普通なら老後生活真っただ中なのでしょうが、今もちょこちょこ仕事を続けています。ゴミ出しは重いので、近所に住む娘に頼んでいますが、家事もほどほどにやっています。

おかげさまで一人で好きなように生きてはいますが、歳も歳ですからいつなにがあってもおかしくない。ふと、そんなことを思い、今のうちに人生を振り返ってみることにしました。

自分のことですから自分で書くのが本筋なのでしょうが、この本はインタビュー本にしてもらうことにしました。なぜなら、自分でも忘れている事件の記憶やその時々の細やかな感情などを、インタビューによって引き出してもらえるのでは、そう思ったからです。

インタビュアーは、ワイドショーのリポーター時代から付き合いがあり、数少ない友達の一人でもある放送作家の赤沢奈穂子さんにお願いしました。おかげで、インタビューというより友達同士のお喋りみたいにリラックスした状態で話すことができました。

この本では、生い立ちや仕事、結婚、子育て、友達関係、夫との向き合い方、一人暮らしの工夫などといったプライベートなことから、これまで携わってきた事件のエピソードまで、私のすべてをお話しします。

では、ただいまより86歳の東海林のり子の半生を、その時々の現場からお伝えします。

東海林のり子

我がままに生きる。

第一章

「80代の現場から」

1、健康でいるための3つのルーティン

私はおかげさまで持病もないし、86歳になった今もほとんど病院のお世話にはなっていません。ちょっと前に転倒して腕を骨折した時は、さすがに行きましたけどね。でも、病院に行かないからといって何も考えていないわけじゃないんですよ。めちゃくちゃ健康オタクだからこそ、行かないんです。

今は、とにかく免疫力を上げることを第一に考えています。いろんな方法がありますが、私の場合はNHKのある番組を参考にしました。免疫力を上げる100個くらいの方法から厳選した究極の3つだと紹介されていたので、その方法を実践しています。

1番が昼寝。毎日大体20分ぐらい。2番がウォーキング。ウォーキングは、毎日1回ただ歩くだけ。最近は万歩計をつけています。これは、一万歩歩くのが目標じゃなく、どれくらい歩いたのかを知るため。足りないなって思った時は、帰宅してから足踏みしたりして調整しています。大体一日に4000歩ほど歩くといい感じですね。

そして3番が足湯。足を温めるという意味です。

お風呂でもいいんですが、歳をとるとお風呂に入るのが億劫になるんですよね。だから、洗面器に入れたお湯に足だけ浸かったり、足だけにシャワーをかけ続けたりして温めています。

この3つは、自分が健康だという自信をつけるためにやっている日課。なにもしないで不安になるより、あれもこれもやっているから、あと5年はいけると、前向きな気持ちになったほうがいいですもんね。

最後にもうひとつ。人に話すと笑われるんですが、私なりのちょっと変わった健康法も教えちゃいますね。

今、地方銀行で定期預金をしているんですが、それが87歳で満期になるんです。満期になったらどうしようかな、なにを買おうかなって今からワクワクしています。こんな風に、ちょっと先の目標があるっていうのも、健康の秘訣なのかもしれませんね。

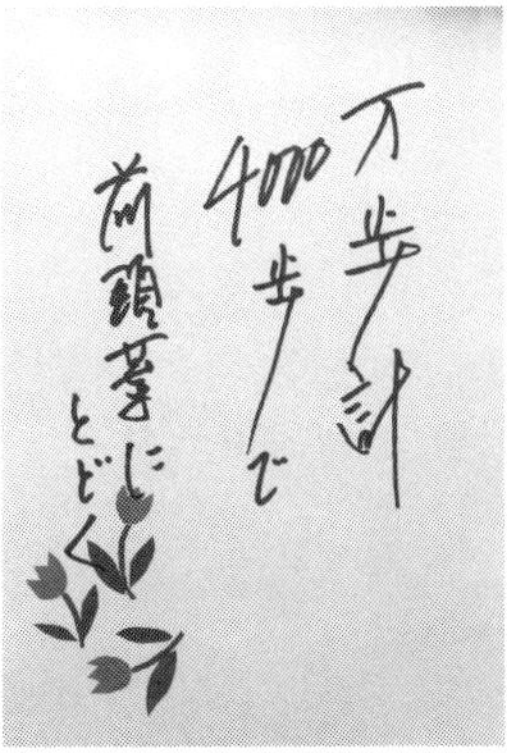

お得意の格言メモ。
可愛い花柄の紙に書いて
やる気を起こす

2、歳をとったらＴＯＤＯリストを作るべし

ＴＯＤＯリスト、つまり「やることリスト」。最近流行っているようですが、私もこれを毎日の習慣にしています。ありきたりの小さめのノートの表紙に手書きで「ＴＯＤＯリスト」と書いて、自分専用のノートを作るんです。

最近のリストの項目は、

1、新聞音読
2、小説音読
3、カルシウムを飲む
4、乳酸菌を飲む
5、朝、昼、夕食を食べる
6、ラジオ収録

日によっては、これに銀行の入金確認とか洗濯をする、洗濯物を取り込むとかが加わり、だいたい一日10項目ぐらいのＴＯＤＯリストを書き、ひとつずつ、やったもの

に線を引いて消していくんです。

5のご飯リストに関しては、あえて朝、昼、夕と3食に分けて書くようにしています。今まではお腹が空かない時は食べなくてもいいかなって思っていたんですが、80代になって、少しずつでも毎食食べることの重要性に気付いたからです。食欲は生きるために必要な人間の欲望。食が細くなったから食べないというのは、生きることを諦めるということになると思ったのです。でも、最近は「一日一食」や「プチ断食」なども流行っているようですし、健康にもいいようですから、今度はそれにも挑戦してみようかな、なんて思ったりもしています。

小説音読は、文学書とか大層なものじゃない。私は警察モノの文庫本をよく読みます。堂場瞬一っていう作家さんが好きなので、いつもその人の本ばっかり。一人暮らしだと声を出さなくなるので、あえて音読にしています。喉を鍛えると誤嚥防止にもなりますしね。

カルシウムや乳酸菌は、ただ飲むだけなんですが、こういった簡単なことをリストに交えることも実はとっても大切なんです。買い物も、人参、トマトとかってなるべく細かく分けて書くと、消す項目が増えて楽しくなる。そして、一日の終わりには項目をすべて消すことで達成感が生まれ、明日もやろうという起動力になるんです。

ある程度、歳をとると動くのが億劫になるので、自分を鼓舞させるには、やはりそれなりの工夫が必要なんですよね。

ＴＯＤＯリストの表紙は
手書きで可愛らしく演出

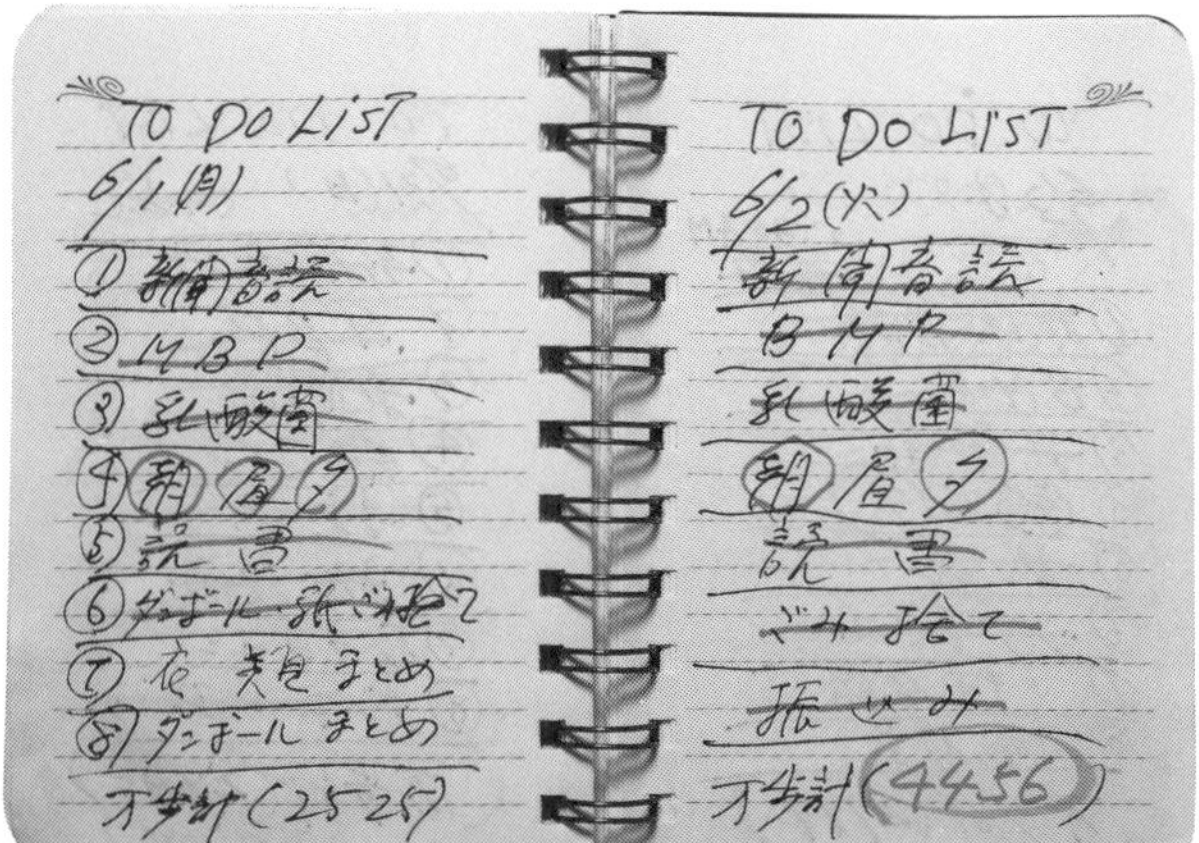

毎日やることを書き出し、やったら消すを
繰り返すだけで一日が充実する

3、部屋中、格言やメモだらけ

格言とは、いわゆる簡単に言い表した戒めの言葉です。私の場合、なにか言葉が浮かぶたびに、自分流の格言としてノートにメモしたり、用済みの大きなカレンダーの裏なんかに書いて貼ったりしています。

最近は「時間を無駄にするな。歩け、歩け」と書いた格言を、よく見える場所に貼っています。使っているカレンダーの空いているところにも、「努力せよ」と書いていますが、これはちょっとストイックすぎますね。思いつくたびに書き留めるのは、メモ魔ということもありますが、仕事柄、習慣にもなっているんでしょうね。

私は今、ニッポン放送の人気アナウンサー

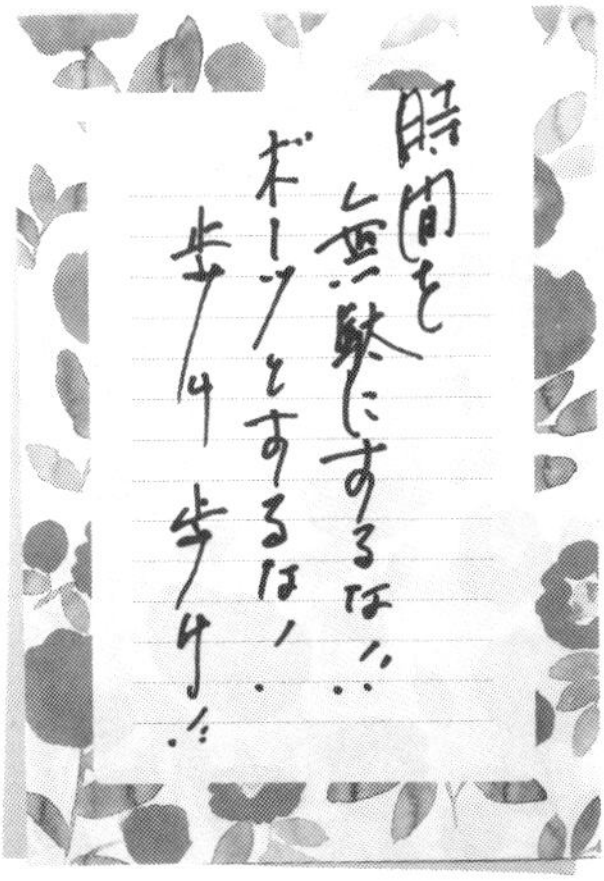

自分なりの格言を作り、
あっちこっちにペタペタ

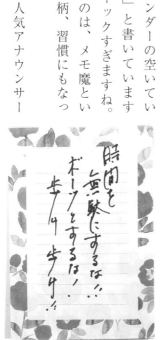

だった斉藤安弘さんと一緒にラジオ番組をやっているんですが、その番組でかける曲も私たち二人で選曲しているんです。そのため、いい曲をみつけるとすぐさまポストイットに書き、採用されたら剥がして捨てる。ポストイットを活用すると、時間も効率的に使えるのでオススメです。

事件リポーターの時は、取材内容をびっしり書いたA４のキャンパスノートが私の宝物でしたが、歳をとってからは、このＴＯＤＯリストノートこそが毎日を生きる目標になっています。

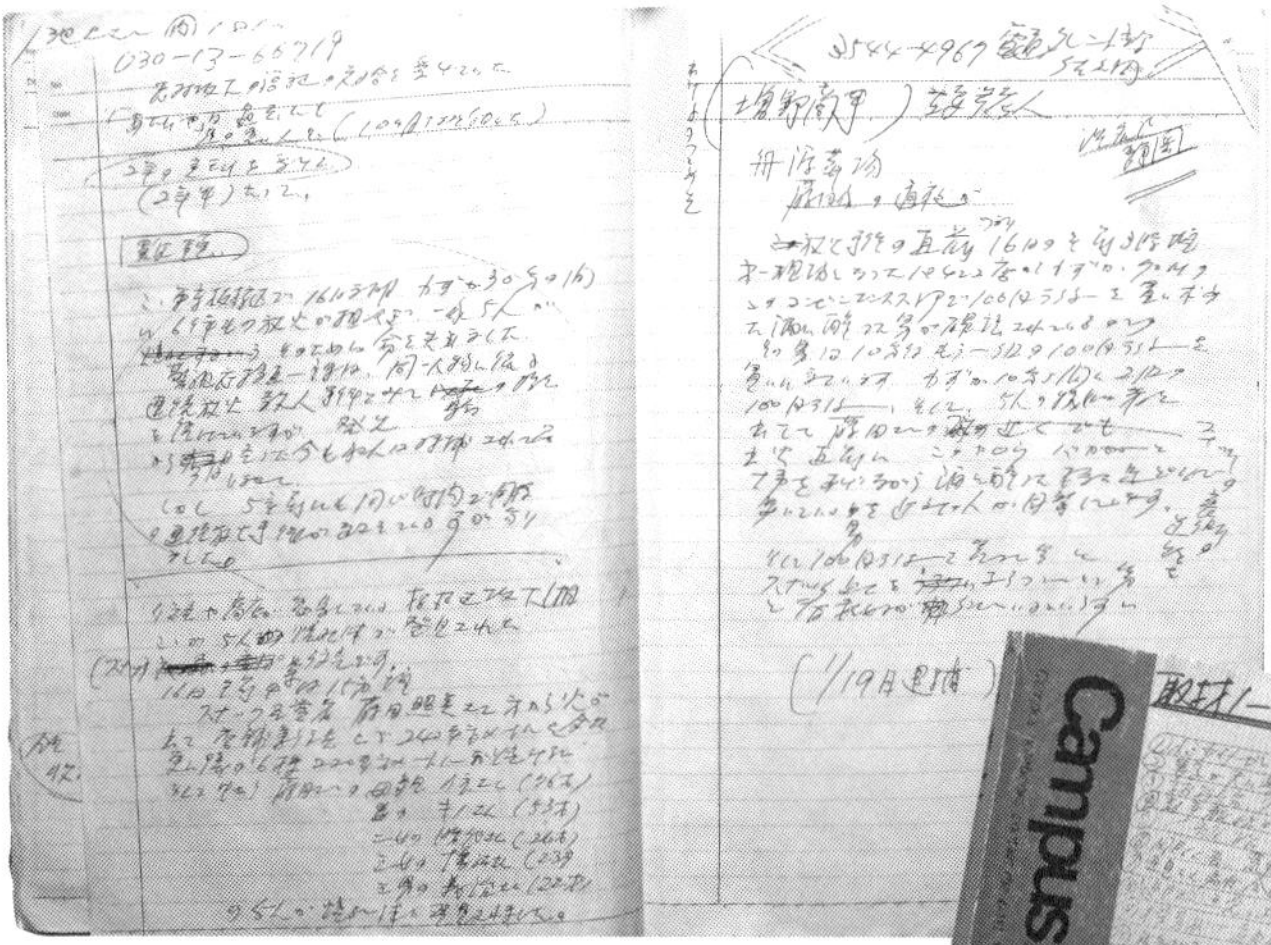

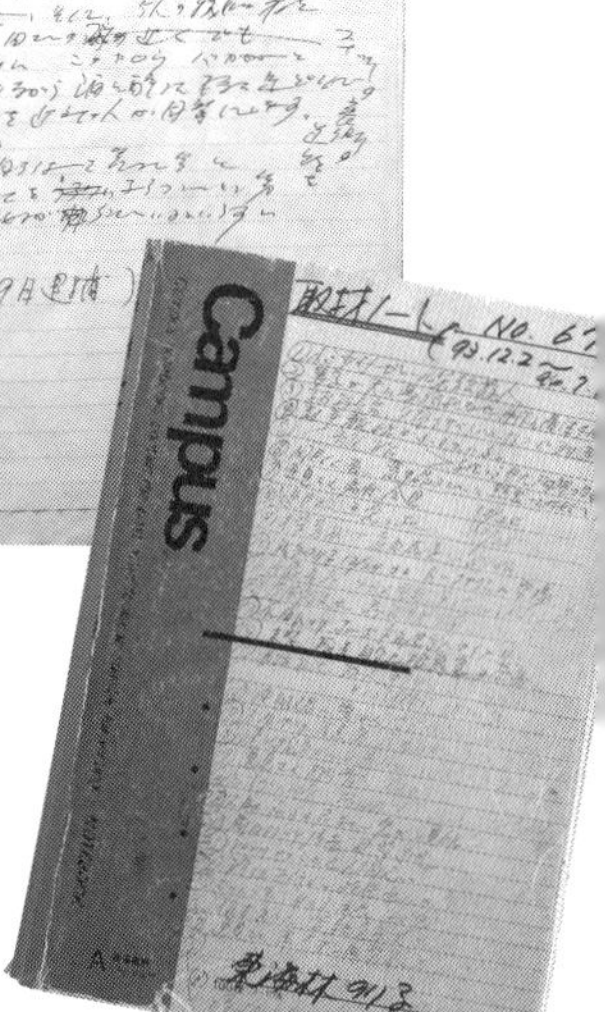

事件ノートは全部で６８冊。新聞記事や
取材内容などがびっしり書き込まれている

4、おひとりさまオッケー

私の数少ない友達は、みんな私よりかなり年下です。一般的には、同年代と付き合う人の方が多いと思いますが、私はむしろ、若い人との付き合いを大切にしています。

ママ友もだいたい同世代で集まるし、子育てを終えた中高年は習い事なんかで仲間をみつけて旅行に行ったりしますよね。でも私にとっての友達はジャンルも歳も関係ない。

だって、同年代の人の場合、だいたい考えていることがわかっちゃうじゃないですか。腰が痛いとかどこか悪いとかっていう病気の話や、嫁が可愛くないとか、誰それが亡くなったとか、話のほとんどがマイナスなことばかり。病院に行ったらかっこいい先生がいてね、なんていう明るい会話は、ほとんどしないから楽しくないんですよね。

その点、若い人たちの話は興味深くて楽しい。だから、大好きなアーティストのライブも年下の気の合う友達と行きます。同じ価値観でつながっているから、ずっと楽しく話していられるし、友人のイケメンアーティストにハグなんかしてもらったら、もう一気に30歳ぐらい若返った気分になりますよ。

私ぐらいの歳の人の中には、一人で外食できないという人も結構いますよね。すっかり市民権を得た「おひとりさま」というヤツです。私は、一人めし全然オッケー。職業柄かもしれませんが、取材や講演先でも駅のホームのお蕎麦屋さんでサササッと済ませたりします。こんな風に一人で外食できるので、わざわざ集まってランチすることもほとんどありません。

それどころか、誘われても面白くなさそうとか、メンバーがよくないなって思うと都合をつけて断っちゃう。そういう勘が働くから断るのも速いんです。特にご馳走してもらう時なんかは、神経使いながら食べてもちっとも美味しくないから速攻で断ります。せっかく一緒にご飯を食べるなら、楽しく美味しく頂きたいですものね。

5、女性の仲良しグループは面倒くさい

中高年になると、女同士で旅行に行く人をよくみかけますが、私はそういった経験はほとんどありません。家族とは行きますが、友達とはあまり行きたくないというのが本音です。

特に温泉は絶対にダメ。貧乳だから、家族と行っても大浴場には入りません。他人からみたらどうでもいいことかもしれませんが、おばあちゃんになってもこのコンプレックスは消えない。おおらかにみえて、意外に神経質なんですよね。

双子座だから、馬鹿みたいに明るいかと思うと、小さいことをチクチク思ったりする極端な性質を併せ持っているのかもしれません。そんなだから、一人でいる方が気楽だったりするし、寂しいからという理由で誰かに会いたいとも思わない。基本的には一人行動が好きなので、夫と愛猫のミミちゃんに先立たれた今も、ちっとも寂しく

ないんです。

女の人って、すぐに仲良しグループを作りたがるでしょ。みんな寂しがり屋なんでしょうか。学生時代は特にベタベタとくっついてますよね。そして、結婚して子供ができると、今度はママ友グループを作る。子供が大きくなると、次はパート仲間や習い事仲間を作る。そんな具合に、ずっとグループを作り続けるもんなんですね。

仲良しグループを作るのも、そこに入るのも悪いことじゃないんですが、そういうのを求める人って、グループ内で嫌なことがあっても、居場所がなくなっても、そこから抜けられない人が多いんですよね。すると、楽しいはずのグループがとたんに悩みの種になっちゃう。

だから、いい年をして仲良しグループに振り回されるくらいなら、やっぱり一人が一番いいと思ってしまうんです。寂しさなんてほんの一時的なものだと思うんですよね。

6、歳をとったら友達も断捨離してシンプルに

老後に友達がいないのは寂しすぎるとか、連れ合いに先立たれてどう過ごしていいかわからないといった人は、きっと独り立ちしてないと思うんですよね。

そういう人は、思い切ってひとつ年を重ねるごとに友達を減らしていくっていうのはどうでしょう。そうすれば、きっと最後独りになっても寂しくないと思うんです。

友達なんて、環境も違えば収入も違う。大金持ちのＩＴ社長の奥さんだからとチヤホヤされていても、ダンナさんの会社が潰れちゃったことがわかったとたん、手のひらを返したように全く相手にしてもらえない。そんな話もよく聞きます。

どんな状況になっても友達でいられるなら、それに越したことはありませんが、ある程度同じレベルじゃないと付き合いにくいこともあるんですよね。だからこそ、生活レベルで変わるような浅い友達は思い切って断捨離してみてはどうでしょう。友人関係をシンプルにすることで、より良好な関係が築けると思っています。

最近、私は用がない限り電話もほとんどしません。電話って相手の状況がわからないので、軽々しくかけられないんですよね。年賀状も今年は5分の1ぐらいに減らしました。よく、ランチにいきましょうとかって一筆添えてあったりしますが、あれ、行ったためしがない。なにも書かないよりはマシなので、私も「元気？」などと一筆添えますが、今は年賀状そのものにもあまり価値がないと感じています。

断捨離とは、モノを捨てることではなく、自分に必要かどうかを問いかけることで様々な執着をそぎ落としていくことだといわれています。断捨離した結果、友達が一人もいなくなったのなら、それまでそういった付き合いしかしてこなかったということです。もしそうなったら、むしろじっくりステキな友達を見つけるチャンスです。自分をしっかり持ってさえいれば、きっといい出会いが待っていると思いますよ。

7、たった一人の親友ノギ

私、実は友達が少ないんです。というか、多くないほうがいいと思っているんです。知り合いは結構いますが、それは友達じゃない。仮に仲良くなったとしても、波長が合わなくなってくると、それ以上踏み込まなくなるので、無意識に増やさないようにしているのかもしれません。

特に、まだ付き合いが浅いのに電話でガンガン相談事とかをされるのがたまらなくイヤ。自分の悩みとかを1時間ぐらいマシンガンのように喋りまくる人っているでしょ。そういう時って電話を切れないのよ。「じゃ、そろそろ」なんて言う間も与えてくれない。ちょっと宅配便が来たからとか、なにか理由をつけて切ることすらできない内容を、そもそも電話で話してくることに苛立ちを覚えるんです。

小中学校の時は、今思うと偽りの友達がたくさんいました。偽りというのは、その場はワイワイ楽しいんだけど、その場しのぎの友達っていうこと。年を重ねると、

立教大学のキャンパスで同じサークルの後輩だった
野際陽子さんと。右が野際さん

しょっちゅうべったりしている人のことを親友と呼ぶのは違うな、と思うようになるんですよね。

そう思うと、私にとっての親友はやっぱりノギですね。野際陽子。一年に一回しか会わなくても、波長が合わなくなるなんてことは全くなかったですね。これでも結構気を使うタイプなので、波長が合わない人と我慢して付き合うことにホトホト疲れちゃうんです。だから、歳をとってきたら疲れない友達が一番だと思っています。

今の私の友達は、業界の友達と高校からの友達とおしゃべり友達の5人ぐらい。その5人とは、ほどよい距離感を保ちながら楽しく付き合っています。

究極をいうと、今は仕事仲間が一番一緒にいてラクですね。共通の話題があるから会話も楽しいし、時々愚痴もいえるし、その愚痴さえもわかってくれる。この歳になると、友達の人生にどっぷり浸かって一緒に悩んだりするより、楽しい時間を共有できる方がずっと大切なんです。

8、家事は自分でやってるけど、いい加減ですね

結婚後も働きどおしだったので、家事はお手伝いさんにお願いしていると思われがちですが、実はずっと自分でやっています。家の中に他人が入ってくるのが嫌なのも、その理由のひとつです。今は嫁いだ娘が自宅から10分ぐらいの場所に住んでいるので、ゴミ捨てなんかはお願いしていますけどね。

夫が病気で要介護4になった時、奥さんも心配だからと要支援1をもらいました。でも、夫のために手すりも付けたし、特別やってもらうこともないので返しちゃったんです。なんか支援されなきゃならないっていうことに、精神的にものすごく抵抗があったので、もう少し自分で頑張りますって。

介護じゃなくて支援だから、そもそも大したことないと思うし、支援されるほど弱ってないっていうささやかなプライドもありますしね。息子からは、なんで返したんだ、って言われましたが、ほら、私家に他人が入るのがいやじゃないですか。だか

ら、むしろそっちの方がストレスになると思ったんです。

家事は、自分でやっているといっても超いい加減。掃除はほとんどしない。一人暮らしだからそんなに汚れないので、時々絨毯のゴミを拾うぐらいです。ただ、窓際に置いてある観葉植物やランのお世話はこまめにしています。ベランダにも以前は草花とかを置いていたんですが、台風のたびに中に入れなきゃならないし、真夏に出しっぱなしにしていると、すぐ枯れちゃうので今は何も置いてない。草花ってお世話している時は楽しいけど、片付けるのが面倒なんですよね。

洗濯は嫌いじゃないので、洗い終えたら外で天日干し。ただし、洗濯物を取り込んだ後のアイロンがけはしません。というか、アイロンを持っていないので、かけなくてもいい服を選んで着ています。お気に入りは、プリーツ プリーズ イッセイ ミヤケというブランド。オシャレなのに、驚くほど高くもなく、とにかくラクチンなんですよ。しかも、ジャブジャブ洗濯しても全然オッケーなので、中には30年着ている服もあるほど大好きなアイテムです。

9、ご飯は3日に一回大鍋で作る野菜たっぷりの味噌スープ

炊事も結構ちゃんとやっています。朝は朝らしいものを食べなきゃと思い込んでいたので、少し前までの朝食はだいたいパンとスープ。野菜とかにもあまりこだわってなかったんですが、最近はようやく食事にも気を遣うようになりました。

今一番はまっているのが大鍋で作る豚汁。人参、牛蒡、カボチャ、小松菜、ジャガイモなどを皮を剥かずに大きな鍋に入れ、そこに炒めた豚肉と味噌とバターを入れるだけの簡単なスープです。

外国の人って、大鍋にたっぷり作ったスープとパンを食べているイメージがありますよね。これは、まさにその和風バージョン。この味噌スープを食べ始めてから繊維が摂れているみたいで、毎日ちゃんとお通じもあるんです。

ご飯は、レンジでチンのパックご飯をお茶碗一杯。味噌スープにいろんなものが入っているし、栄養バランスも取れているので、それにご飯と梅干一個で十分なんです。

イワシの缶詰とかを足す時もありますが、最近はこの料理が一番のお気に入りです。大鍋で作るので、一度作れば3日は持つあたりも最高ですね。お昼はたまに外食もしますが、朝と夜はほとんど家で、この味噌スープを食べています。時にはオリーブオイルやバターを入れたりして。味噌って発酵食品だからお肌にもいいんですよね。

実は70代までは、食べたいものを食べればいいと思っていました。それが最近急に、バランスがとれた野菜食を食べなきゃと思うようになったんです。気づくのが遅い気もしますが、この味噌スープのおかげで私もようやく人並みの健康食をとるようになりました。

また、新型コロナウイルスによる外出自粛期間中に目覚めた料理もあります。ある本でパプリカとセロリが優れた野菜だということを知り、健康オタクとしては黙っていられず、86歳にして初めてパプリカを買ってみたんです。それを一口大にカットし、細かく切ったリンゴと一緒においしいお酢に漬けるピクルス作りを始めました。ビタミンカラーのパプリカと栄養価の高い葉部分をたっぷり使ったセロリの瓶詰めピクルスは、見た目も可愛いし、味も最高。そこに身体にいいブロッコリースプラウトを乗せて、毎日ムシャムシャ食べています。

今回の自粛は、私の食生活にもいろんな発見をもたらしてくれました。長生きすると、きっともっといろんな発見があるかも。そんな風に気づかせてくれたんです。86歳で萎れてなんていられない。これからもどんどん吸収するために、１００歳までは生きなきゃと奮い立つきっかけになったのです。

最近ハマっているピクルス。
パプリカやセロリなどで

10、イケメン好きが長生きの秘訣

私は朝起きたら、どこかに行く予定がなくても必ずメイクしています。意味はないんですが、しないとだらける気がするんです。

これまでずっと、急な取材の呼び出しがあるかもしれないと思って生きてきたので、そういう習慣になっちゃったのかもしれません。それに宅配の人がハンサムだったら、シャキッとした顔で応対したいですしね。

仕事で会ったイケメンにときめくことは殆どありませんでしたが、基本的には大のイケメン好きです。最近のお気に入りは、菅田将暉、綾野剛、松田翔太、山田孝之。正統派の美形というより、バイタリティがありそうなセクシーで個性的なイケメンに魅かれます。

イケメン好きって、テレビを見ていても街を歩いていても、イケメンを見るだけで幸せになれるんです。イケメンは、人を幸せにする幸せオーラみたいなものを発しているんですよね。

もう私は歳だからと、家でうつうつしてるおばあちゃんにこそ、イケメンを見なさい、とお勧めしたい。何歳になっても、素敵だなと思うだけで不思議と幸せホルモンがでるものなんですよ。素敵だなと思うのは自由だし、70歳から恋愛をしたっていいと思うんです。

ジャニーズ好きだった森光子さんや黒柳徹子さんのようにイケメンを育てるっていうのもいいですよね。イケメンを応援するという形でときめくのも、長寿の秘訣なのかもしれません。

11、85歳のラブレター

実は85歳で、ある人に一目ぼれしました。

ちょっと前に少し血便がでたので病院に行ったんですが、その時の担当医がめちゃくちゃタイプだったんです。もう完全な一目ぼれ。カルテを覗いて、なんとか先生のフルネームを確認しました。

先生にまた会いたい。でも、私の出血は老人にはよく見られる症状なので、どうやら病気ではないらしい。また出血するかもしれないし、しないかもしれない。そんなモヤモヤした気持ちを抑えきれず、「1年後はこの病院にいますか」と聞いてしまったんです。

すると、実は先生は出向だったようで、もうすぐ自分の病院に戻ってしまうとのこと。あまりの衝撃に思わず「もう先生に会えなくなるんですか」ってストレートに言ってしまいました。

その時、診察のお礼に持って行ったGODIVAのチョコレートを渡せたまではよかったんですが、先生と一緒に写真を撮るのをうっかり忘れてしまったんです。きっと、その時の後悔が妄想を掻き立てたんでしょうね。それからというもの、毎日、先生が夢にでてくるようになっちゃったんです。

背が高くてかっこいい。しかもめちゃくちゃ優しい。そんなドンピシャなタイプの先生にもう会えなくなる。そんなこと死んでもイヤ。この際、病院嫌いだけど、頑張って先生のいる病院に行ってみようかしら。いや、先生に手紙を出そうか。まるで乙女のように、先生のことばかり考えるようになりました。

毎日、そんなことばかり考えていると、本屋さんでも大好きな警察モノじゃなく、無意識に谷川俊太郎の恋の詩なんかを買ってしまったりするんです。しかも、大嫌いな病院にも行きたくてドキドキ、ソワソワ。恋の暴走が止まらなくなってしまったんです。

手紙の書き出しは「これは告白です」にしようか。そして最後は「年を重ねてもロマンチックな気分になれるのが嬉しい。たぶん、恋人、もしかしたら奥様もいらっしゃるでしょうが、どうしてもお伝えしたかったのです」にしようか。

夫が生きていた時にはまるでなかった淡い恋心が芽生えちゃったんですね。そんなわけで、今は毎日ラブレターの内容を考えるのが楽しくて楽しくてしようがないんです。

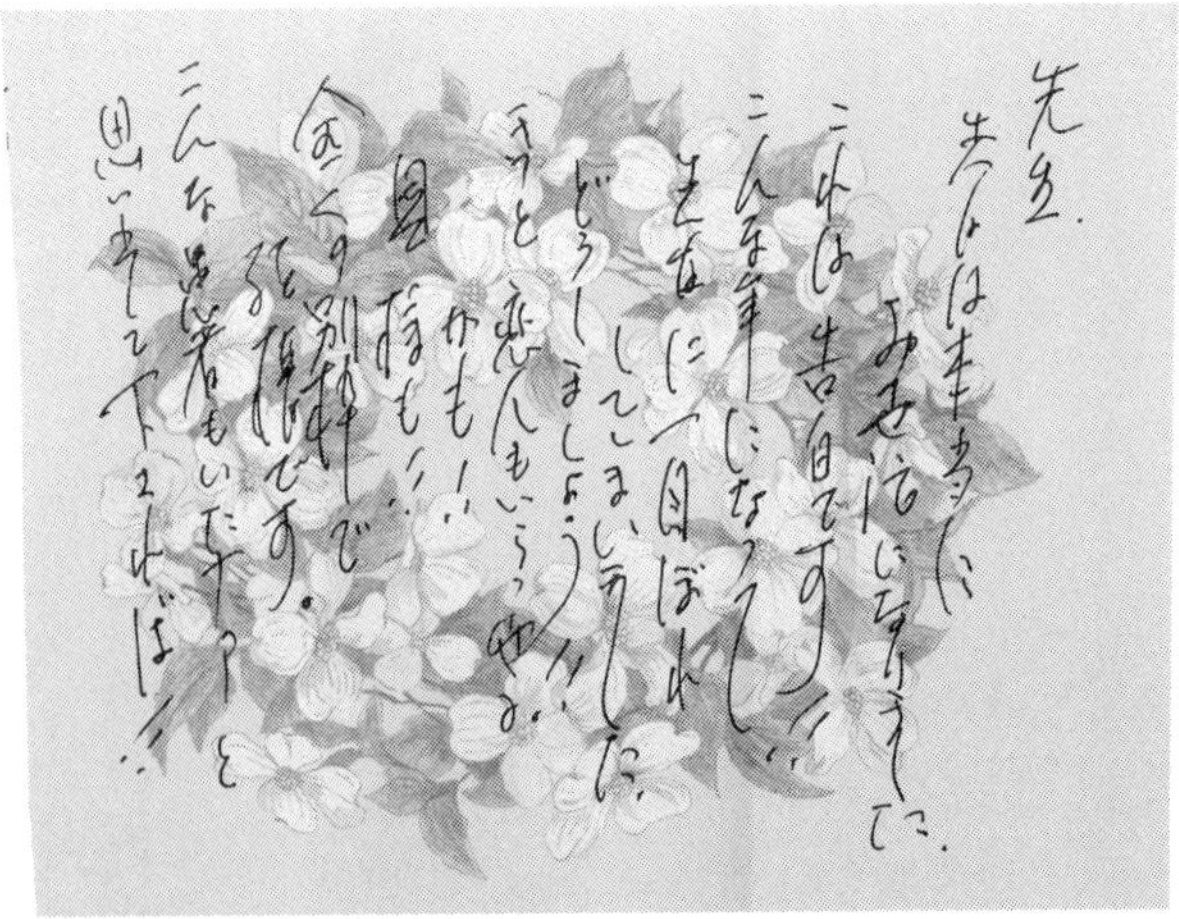

出せないラブレター。 いくつになっても
恋する気持ちは変わらない

12、ミュージカルに挑戦

私は今、子供たちを中心とした「ＥＸＰＲＥＳＳＩＯＮ」というグループを応援しています。今の子供たちに必要な「伝えたいことをきちんと伝えよう」という主旨で、かつてのリポーター仲間である黒田育美さんが立ち上げました。グループは、朗読、群読、歌、ダンス、演技などのレッスンを積み重ね、今はミュージカルの舞台にも立つようになりました。

実は私も、このグループのミュージカルに一度出させてもらったことがあります。「やってみませんか？」の一言に、「そうだ、体験したことのないことに挑戦してみよう」と、二つ返事で快諾。音楽劇「星の王子さま」の舞台に立つことになったのです。ところが、いざ舞台に立つと、闘病中の夫の看病疲れから練習不足が露呈。子供たちの完璧な演技の傍らで、ところどころ口パクするしかない情けない姿を晒してしまったのです。そういったわけで、この時の舞台が私にとっての最初で最後のミュージカルになりました。一方の子供たちはというと、私とは対照的にメキメキ力をつけ、「赤毛のアン」など、たくさんの大舞台に立っています。

また、練習の合間には、小児がんや難病の子供たちを支援するチャリティーコンサートや高齢者施設の慰問なども積極的に行っているんですが、そこには私も、詩の朗読や小説の朗読などで参加。歳をとっても社会とつながる喜びを感じられるこの活動は、これからもずっと応援し続けていきたいと思っています。

子供たちとミュージカル『星の王子さま』に出演

第二章

「実家埼玉の現場から」

1、「かわいい、かわいい」と言われて育ちました

可愛がられて育つと、本当に可愛い人になっていくものです。自分で言うのもなんですが、私は結構可愛いおばあちゃんだと思っているんですが、どうでしょうか？思えば、そんなふうに周りからちやほやされて育ったことが、私の生き方の原点になったのかもしれません。

私は埼玉県浦和市で生まれました。実家は、青い羽と書いて青羽。岩槻の藩士だった曾祖父が廃藩置県で浦和に越してきて質屋になったそうです。広い庭や池がある大きな家だったので、かなり裕福な家庭だったと思います。

そこで生まれ育った祖父も、嫁いできた祖母も、当たり前のように贅沢三昧。そんな親に育てられた五人兄弟の長男である父も、もちろんぼんぼん長男として育ちました。

そのぼんぼん長男の四人姉妹の末っ子として生まれたのが私、のり子。私が生まれたころは、跡を継いだ父が細々と質商を続けていましたが、商売センスがないうえ、

贅沢することになんら抵抗がない家系なので、財産はどんどんなくなっていく一方。浦和駅周辺の地主だったおかげで、なんとか苦労せずに暮らせていたんだと思います。

そんなお家事情などつゆ知らず。小さいのり子は、中山道に連なる青羽家の店子さんたちに可愛がってもらえることが嬉しくて、毎日のように商店街に遊びに行っていたのです。

かわいいね、と言われ続けると、不思議と本当に可愛くなっていくものなんですよね。そのうち、顔はさておき愛嬌たっぷりの可愛い子として商店街の人気者になっていったのです。

この私の経験上からも、子供はやっぱり「かわいい、かわいい」と口に出して育てたほうがいいと思っています。言葉には計り知れない力があるということを私自身が身をもって実感していますから。

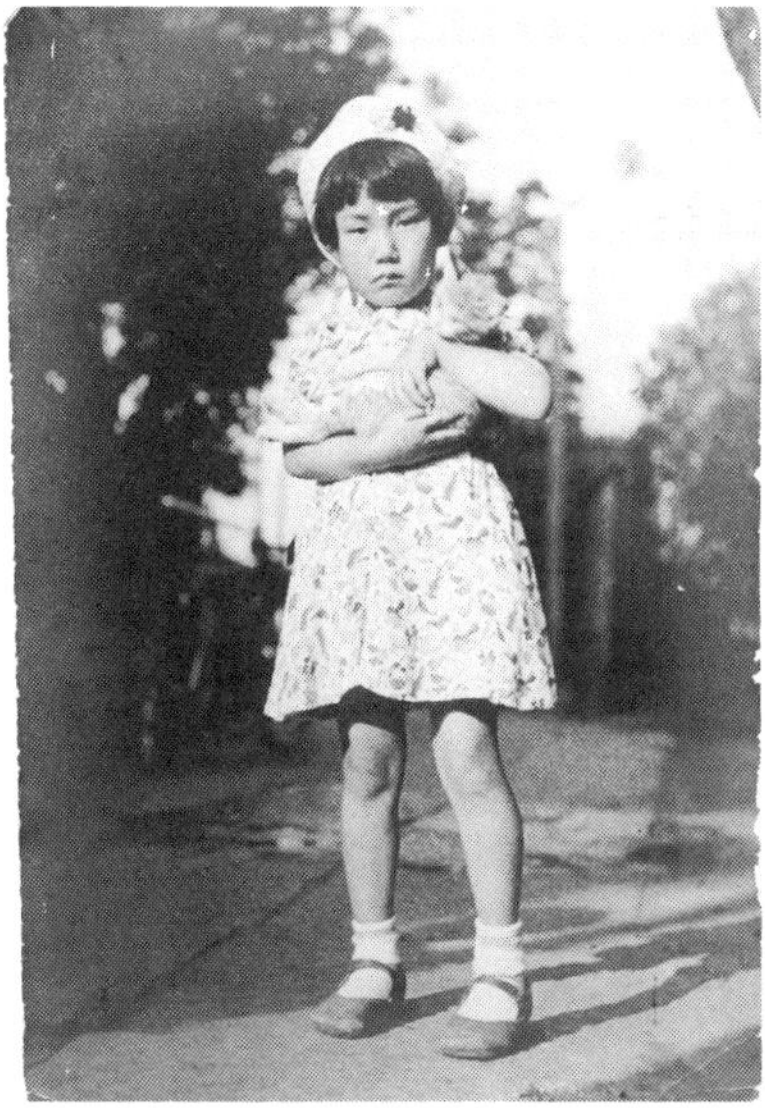

5、6歳の頃。当時から猫が大好き

2、末っ子って世渡り上手なのよね

「若草物語」や「細雪」もそうですが、四人姉妹って小説になりやすいんですね。どの物語においても、だいたい長女は親思いのしっかりもの。次女は華やかで活発。三女は我が道を行く好奇心のかたまり。そして四女はお調子者の甘えん坊と相場が決まっています。

我が家の四人姉妹もまったくそんな感じ。私も若草物語のエイミーや細雪の妙子のように、末っ子気質そのものです。

昭和の初め頃、我が家には書生さんや姉妹一人ずつについていた住み込みのお手伝いさんが同居していました。私についてくれたのは、タケヤというお手伝いさん。タケヤは私を娘のように可愛がってくれて、おんぶしてよく散歩に連れてってくれました。

余談ですが、実はこの散歩は私を利用したデートだったようなんです。当時、タケヤは我が家にいた書生さんと付き合っていて、私の散歩を口実に外で会っていたというわけです。なんとも奥ゆかしい時代だったんですね。でも私は私で、タケヤと一緒だと大好きな商店街を大手を振って歩けたので、実はお互いにメリットがあったんですよね。当時は、商店の子供たちと遊ぼうとするたびに、父に止められていました。差別とかではなく、あの頃は総じて家柄を重んじる時代だったからだと思います。だからこそ、タケヤと一緒に商店街を歌いながら歩いたりできることが、とても楽しかったんです。

姉たちは、お正月やお雛祭りの時などは黒豆を煮たりなど、よく母親の手伝いをしていました。私はというと、末っ子の特権でそういったことはすべて免除。家にいてもやることがないので、やっぱりタケヤに頼んで商店街に連れてってもらうんです。すると、いつものようにお店の人たちから「かわいいね」「面白いね」と声をかけてもらうので、私も遺憾なく末っ子気質を発揮していました。

もし今、少しでも生きづらさを感じている方がいたら、思い切って人に甘えてみたり、ちょっぴりだけお調子者になってみてはいかがでしょう。末っ子気質がきっと人生をラクにしてくれるはずです。

浦和の自宅前で母と姉たちと。一番小さい子が末っ子のり子

3、もしかしたら歌手になっていたかも

小さい頃は、とにかく好奇心旺盛な子供でした。やりたいことがどんどんでてくる。しかもラッキーなことに、関わった先生たちが眠っている才能を引き出してくれたので、やりたいと思ったことには躊躇なくチャレンジできたのです。

小さい頃の私は、親戚が集まると率先して大はしゃぎする子供でした。おじさんの真似などをすると結構ウケたので、味を占めていたのです。そんな風に、人前でなにかをすることが好きだったので、当時は歌手になりたいと思っていました。

小学校にはいると、音楽の先生に歌を褒められたのをきっかけに、歌手になるための自宅レッスンを始めました。人間、期待されるとその気になるもの。私がみかん箱の上で歌の練習を始めると、家族も「そこのとこ、もうちょっと声を出したほうがいいよ」などと盛り上げてくれていたんです。あの頃は、一家総出で歌手・青羽のり子のスター誕生を夢見ていたんですね。

まさか、と思うでしょうが、実はこれは戦時中の出来事。我が家は、なんとものほほんとした日々を過ごしていましたが、現実は戦争が激しさを増すばかりでした。

そんな折、浦和に歌の上手い少女がいるという噂を聞きつけたある方から「戦地で戦っている兵隊さんのために童謡を歌ってほしい」との依頼を受けました。東京の少年少女合唱団の子たちのほとんどが疎開していたので、私に白羽の矢が立ち、ＮＨＫラジオで「お猿のかごや」などを歌ったのです。

そして終戦を迎えた昭和20年。今度は映画用の歌を頼まれたので、防空服姿で松竹大船撮影所まで行き、並木路子さんの「リンゴの唄」を合唱しました。確か「そよかぜ」というタイトルの映画だったと思うんですが、その時、11歳でもらったお金が私の人生初のギャラでした。

叱って育てるか、褒めて育てるか。子供のタイプによって伸ばし方はそれぞれだと思いますが、私はやっぱり褒められたい。音楽の先生や家族に褒められたことが、私の自信となり生きていく強さになったからです。

4、飽き性じゃなくて脱皮なんです

私は、小さい頃から何をやっても長続きしない人間でした。悪く言えば飽き性。裏を返せば、なんでもそこそこなせる器用な人間だったんだと思います。

前にも書きましたが、私は歌がうまかったので、本来ならそのまま歌手を目指すべきだったのでしょう。ところが、いいところまでいくと満足してしまうんですよね。

中学時代は、担任の勧めで水泳部に入部したのをきっかけに水泳に目覚めてしまい、狙ったわけでもないのにいきなり埼玉県の50メートル自由形で県記録を更新しちゃったんです。

そうなると、よし！スポーツ選手を目指そう！という流れになってもおかしくないんですが、私の場合はやっぱりそこで満足しちゃう。しかも、そんな時にまた新たな刺客まで現れてしまうんです。

今度の刺客は若い国語の先生。なんと自宅までやって来て「のり子さんは作文がうまいから小説家か作家にしたほうがいい」と言ってきたんです。褒められたことは素直に嬉しかったんですが、この時は、嬉しさよりも出来っこないという気持ちの方が先に立ちました。私にしては珍しくネガティブですが、小説というものをちゃんと理解していなかったんだと思います。

普段は「母ちゃん」と呼んでいる母のことを「お母さま」と書いたり、会話が飛び交う方が読みやすいと思い、冒頭を「おはよう」という台詞にしたりと、文章を脚色するのが好きだったんです。日記の内容もほぼ嘘だらけ。中学生の私は、事実を書くのが小説だと思い込んでいたので、こんな文章しか書けない人間が、小説家になどなれるわけがないと決めつけていたのです。

女子高にあがってからも、長続きしない性格はさらに拍車をかけました。先生が来るまでの間、教壇で面白い話をすると、それがウケちゃうんです。そうなると落語家もいいな、と思ったりしちゃうんですね

バレー部もちらっとかじってみるんですが、当時は9人制だったので背の低い私はずっと一番後ろでレシーブするだけ。こんな痛い思いをするのは嫌だと思い、あっさり退部しました。

さらに、友達に誘われボート部に入部するも、せっかくコックスまでできるようになったのに、先輩から「ボート部に入ると、太ももが太くなるわよ」といわれ、やめる。そんなことの繰り返しでした。

そんなフラフラした人生を送っているうちに、ふとあることに気づいたんです。これまでのことはすべて長続きしなかったのではなく、もしかしたらその都度「脱皮」していたんじゃないのかしら。だとすると、ひとつのことを続けることより、いろんな経験をすることの方が重要なんじゃないのかと。

そう気づいてからは、それまで以上にやりたいことをやるようになりました。今の自分があるのは、そんな風にひと皮ずつ「脱皮」しながら成長してきたおかげだと思っています。

県立浦和第一女子高校時代。
明るく活発な女の子だった

5、流行りモノに乗っかるのは早かったですね

女子大生時代は流行に敏感だったので、いろんなことに興味を持っていましたね。

昭和20年代当時は、女性が大学に行くこと自体が珍しい時代でしたが、高校卒業後、私は立教大学に入学しました。浦和から通いやすいのが立教か青山だったので、仲良し三人組で一緒に青山学院大学を受けようということになったんです。でも、その時ふと、大学に行ってまでつるむのは、ちょっと面倒くさいと思ってしまい、私だけ立教を受けたんです。

大学時代はハワイアンブーム全盛期。喫茶店もほとんどがハワイアン一色でした。そうすると、小さい頃から習い続けていた長唄や三味線よりもウクレレの方が魅力的にみえてきちゃう。このまま長唄クラブにいても姉の方がうまくなっているし、師弟制度も面倒くさそうだし、なんて思っているうちに、どんどんハワイアンに魅かれていったんです。

そのうち、小坂一也などのスターの出現でカントリーミュージックにはまったり、平尾昌晃目当てに日劇に通ったりもしましたね。とにかく、面白いことや新しいことへの食いつきは早い方だったと思います。ただ、醒めるのも早い。でもだからこそ、目まぐるしく移り変わる流行りモノについていけたのかもしれませんね。

こんな風に、大学時代は、思いっきり青春を謳歌しましたが、社会人になってからはそんな生活が一変。アナウンサーになったことで、それまでのようなラッキーなだけの人生は続かないのだと思い知らされたのです。

青春を謳歌していた頃

6、かけがえのない友はいますか

当時の大学も今と同じようにサークル活動が盛んでした。私も立教大学に入学してすぐにＥＳＳ（イングリッシュ・スピーキング・ソサエティー）という英語サークルのドラマ部に入りました。

毎年、立教、一橋、慶應、早稲田で行う４大学英語劇というコンテストがあったんですが、立教は毎回日本の物語を英訳して出場していたんです。他の大学は、一人ずつに外国人の先生がついていたので、実力は相当なものでした。ほぼネイティブ。それに対し、立教は自分たちだけで練習していたので、正直、英語はさほどうまくなかったと思います。

それでも、私が入った年は、「夕鶴」という英語劇で立教が優勝しました。審査員が全員外国人だったので、エキゾチックな和ものを選んだのがよかったのかもしれません。「夕鶴」で私は３人の子供の一人を演じたんですが、ほかの大学から「立教は本物の小学生を使ってる」とクレームが入ったんです。背が低過ぎたので、周りからはリアルな小学生に見えたようですね。

翌年の演目は「修善寺物語」。後輩に入ってきた野際陽子が主役を演じました。その時、私が演じたのは、楓というノギの妹役。ノギは当時、ミス立教といわれるほどの美人さんだったので、主役に抜擢されるのは当然のことでした。

ただ、あの時のかつらの違いだけはショックでしたね。主役のノギのカツラは上物なので、ピッタリはまっていたんですが、私のはあちこち浮いている。安物だから仕方ないんですが、あの時ばかりはチクショーって思いましたね。

ノギはセント・マーガレットという立教女学院から進学してきたので、美人なのに派手

英語劇『修善寺物語』の舞台で野際陽子さんと。右が主役の野際さん、左の白い着物を着ているのが妹役ののり子

じゃないし、品がありました。大学ではいつも私にくっついていたので、私が一足先にニッポン放送のアナウンサーになってからも、よく局に遊びに来ては、「私もアナウンサーになろうかな」なんて言っていました。卒業後はその言葉通り、超難関のＮＨＫに受かってアナウンサーになっちゃうんですから、まさに才色兼備そのもの。本当に素敵な後輩でした。

女優に転身後は、大活躍のノギをリポーターという立場で見続けるというなんとも不思議な関係になりましたが、先輩後輩からスタートした私ノッコとノギの友情は、ずっといい距離感で続いていたと思います。

大学時代からの親友野際さんと。左が野際さん

7、閃きと勢いで決めた就職先

それまで、これといった苦労もせずに生きてきた私が、初めて壁にぶち当たったのが就職活動でした。そしてこの時の決断が、その後の私の人生を構築していったのです。

4年制の大学に行ったからには就職したい、と思い就職先を探し始めました。でも、私が卒業する昭和32年は男子学生の求人はあるんですが、女子の求人はほぼゼロ。コネがないと就職できない時代だったんです。

そこで、コネがなかった私が最初に思いついたのが国際線のスチュワーデス。ESS（イングリッシュ・スピーキング・ソサエティー）で学んだ英語力があれば世界中の人と話ができる。そう、思い込んで募集要項をもらったんですが、書いてあった条件に唖然としました。

1、容姿端麗
2、身長制限　5尺3寸（約160センチ）以上。

私は152センチで容姿端麗でもない。問題外じゃないですか。その時は、背が低いとスチュワーデスになれないということに憤慨しましたが、よく考えると、荷物棚に手が届かないんだから当然の条件なんですね。

そして、次に思いついたのが雑誌社の編集部。有名な先生が籠っているホテルに原稿を取りに行ったりするシーンなんかを想像するんですが、雑誌社こそコネがないと入れないと知り、これも諦めました。

ならば、身長制限もなく、容姿端麗じゃなくてもよくて、コネがなくても挑戦できる職業って一体なんだろう。そう考えて閃いたのがラジオだったんです。その頃のラジオ局は、大卒なら誰でも受けられたので、ここしかないと確信しました。

受験当日、ニッポン放送には2000人もの人が来ていて、待ち時間には「私は○○アナウンス学院をでたの」「私は大学で放送研究会にいたの」という会話が飛び交っていました。それを聞いた瞬間、終わったと思いましたね。なにせ、なんの準備もしていませんでしたから。ところが、奇跡って本当にあるんですね。八次まであった試験も面接もすべて受かっちゃったんです。

実は、その前に受けていた日本テレビの採用試験もカメラテストまで残っていたんですが、当時は内定が決まった順に就職する時代だったので諦めざるを得ませんでした。その時ニッポン放送を断って、日本テレビに行っていたら、果たしてどうなっていたんでしょうね。

人生において、そういった大事な選択は繰り返しやってくると思います。その時、どっちを選ぶかでその先の人生が大きく変わる。だからこそ、岐路に立った時の判断力ほど大事なものはないと思っています。

ニッポン放送に入社した頃

第三章

「ニッポン放送の現場から」

1、負けん気が強いから男社会で闘えたのかな

私が就職した昭和30年代はじめ、「働く」という言葉は男性のためにあるものでした。ほとんどの女性は大学に進学しないし、例え大学を卒業しても、お年頃になればお見合い結婚をして家庭に入る時代だったんです。

そんな時代に立教大学を卒業し、ニッポン放送のアナウンサーとして就職するのですから、それだけでも当時としてはかなりの変わり者です。職場で働く人は、ほとんどが男性。アナウンサーもニュースなどを読むメインの仕事は男性で、女性はサブにつくのが通例でした。

私の悪い癖なんですが、こういった理不尽な場面に遭遇すると、怖いもの知らずな顔がニョキニョキと出てきてしまい、「なんで、女性はニュースを読めないんですか?」と、新人のくせに生意気な質問をしてしまうわけです。でも、「おまえね、よく考えてみろ。男が読むから信ぴょう性があるんだ」と一蹴。食らいついたところで

改善する時代じゃなかったので、それ以上は立ち向かいませんでしたが、その上司、今ならパワハラで大変なことになっていますよね。

その頃の女子アナウンサーが読めるのは、一日一本の「婦人ニュース」という番組だけ。「本日19日から日比谷公園で○○祭りがあります」というような、いわゆる都民ニュースです。それさえも、一日一本なのでなかなか読ませてもらえない。そんな時代だったんです。

それでも、なんとかアナウンサーを続けていた私に、ある時ようやくチャンスが回ってきたのです。初めてもたせてもらえた番組は「サザエさん」。いきなり国民的マンガを読ませてもらえるなんて、やっぱり私はラッキー！と、喜んだのもつかの間、読んだのは「明治乳業提供、サザエさん」と、「ただ今の出演はフグ田サザエ、磯野カツオ・・・」というエンディングの枠づけだけ。それでも、この時は読ませてもらえただけで本当に有難かったですね。

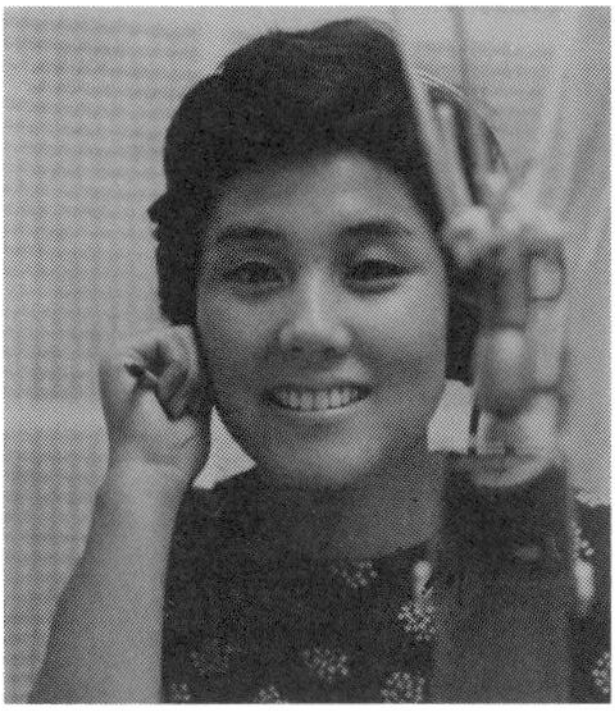
ニッポン放送の
新人アナウンサー時代

2、そりゃ、辞めようと思ったこともありますよ

コネもない。どうしてもなりたかった職業でもない。選ばれた理由もわからない。それが、アナウンサーとしてスタートした新人時代の私だったので、入社してからが本当に地獄でした。

その年の新人アナは男性4人、女性は私を含めて4人の合計8人。私以外は、大学のアナウンス研究会に所属していたので実力はすでにプロ並み。そういう人たちと肩を並べるわけですから、入社してすぐに挫折人生が始まるわけです。

まず苦労したのがアクセント。NHKから出向していた先輩に指導を受けていたんですが、その指導がとにかく怖い。「違うだろ、もう一回」「他の人のを聞いてみろ、もう一回」といった具合。あまりに何度も読まされたので、我慢できずに一度だけ歯向かったことがあるんです。もちろん、めちゃくちゃに怒られました。怒られ過ぎて、もうなにもかもがイヤになっちゃって、その時は本当に辞めようと思いました。

浦和に向かう帰りの電車では、悔しさで怒り心頭。

「こんなとこ辞めてやる」

「なんで、こんな地獄のような説教されなきゃならないんだ」

「今までちやほやされてきたのに、私はなんでこんなとこに入っちゃったんだ」。

そんなことばかりが頭の中を巡りました。

そのうちに、突然、なんかどうでもいいやって思っちゃったんです。怒るのに飽きたのか、はたまた怒り過ぎておかしくなったのか。突然なにかが降りてきたように、ビリでもいいや、ビリのあとには誰もいないから、このまま走り続けたらどこかで追いつくかもしれない、そう開き直ったんです。

そこからは、スイッチが入ったみたいに人が変わりました。自分で録音した声を先輩にチェックしてもらい、何度ダメだしされてもめげずに徹底的にアクセントを勉強しました。

当時は、アクセントを間違うと始末書を書く時代だったんですが、その時の特訓のおかげで始末書も最小限にとどめられ、どうにかまともなアナウンサーになれたのです。

ニッポン放送の時も現場取材で活躍

3、我慢していれば、いつか周りがいなくなるのよ

女子アナウンサーとしてようやく形になってきた頃には、結婚適齢期に突入していました。同期は一人また一人と結婚していき、4人のうち3人が寿退社したんです。残った女子アナは私だけ。結局そのまま、唯一の女子アナウンサーとしてしぶとく働いているうちに、いつのまにか人気アナウンサーになっていたんです。

実は私もニッポン放送の社員時代に結婚したんですが、夫が年下で大学在学中だったので、寿退社というわけにはいかず、長男を産むまでニッポン放送の社員を続けました。夫のせいにしていますが、私自身もその時のポジションを保ちたいという気持ちがあったと思います。

辞めるまでの期間は本当によく働き、充実した日々を過ごしました。小さい頃から、やりたいことがコロコロ変わるし、どれも続かない。そんなちゃらんぽらんな生き方をしてきた私が、ニッポン放送のアナウンサーは辞めずに働き続けられたんです。

もちろん趣味と就職は別ものですから、較べること自体おかしなことなんですが、その理由を考えた結果、あるひとつの答えにたどり着きました。歌や水泳や長唄など、今までかじり程度でやってきたことが、直接的ではないにしろ、それなりに役に立ってきたんじゃないだろうか。経験が多ければ多いほど自分の引き出しが増え、話題も豊富になる。それってアナウンサーにとっては、とても大事なことなんじゃないかと思うんです。多様性が求められるアナウンサーという仕事だからこそ、長く続けてこられたのかもしれませんね。

そう気づいた時から、私のただのラッキー人生は必然的なものになり、この時、ようやく自分の人生は自分で創るものだということを実感したのです。

結婚後も共働きでアナウンサーを
続けたのは、自分のためでもあった

4、ラジオ全盛期とテレビの開局

当時は、完全なフリーランスってそうはいなかったんです。私のような仕事の場合、どこかの事務所に所属している人が殆どですが、私はニッポン放送を退社後、どこにも所属せずフリーで仕事をしながら家事や育児をしていました。

長男が1歳くらいの時、「歌え！ビリー・バンバン」というラジオ番組を持たせてもらっていました。このビリー・バンバン兄弟が困ったことに、しょっちゅうケンカはするし、「白いブランコ」の大ヒットで忙しすぎたせいか番組中でも平気で寝ちゃうんです。そんな時につないでくれたのが、せんだみつおさんでした。当時はまだラジオの方が全盛だったので、番組に出ることがステイタスでしたし、私自身、ニッポン放送を退社後もずいぶん忙しくさせてもらえたので本当に有難かったです。

しばらくして、ニッポン放送の系列局としてフジテレビが開局。私たちのところにもテレビアナウンサーの募集がきたんですが、その当時はテレビというものがあまりにも未知な存在だったので誰も行こうとしない。私は、たまたま開局前からニュースを読みに行ったりしていたので少しは馴染みがありましたが、ラジオを辞めてまでテレビに行こうとは思いませんでした。

あの時もし転身していたら、リポーターではなく、フジテレビのアナウンサーになっていたかもしれないと思うと、ちょっと面白いですね。

第四章

「テレビの現場から」

1、初めてのテレビ番組はスーパーのチラシ?!

テレビが始まった当初は、ほとんどの番組が生放送でした。今もニュースやワイドショーなどは生放送ですが、ミスしても修正がきかない世界で生きてきたせいか、取材先でのリポートは、常に一発勝負の気持ちで臨んできました。

初めてのテレビ番組は、フジテレビの夕方4時からやっていた「東京ホームジョッキー」という番組。「テレビ局のチャラチャラしたスタッフと仕事するなんて、やだわ」というのが、声をかけられた時の正直な気持ちでした。テレビの人ってカーディガンやセーターを肩にかけたりして、なんか軽そうなイメージがあったんですよね。でも会ってみたら、スーツをビシッと着こなした真面目な方だったのでホッとしたのを覚えています。

そのプロデューサーが考えた企画っていうのが、夕飯の買い物に行く奥様の足を止めるスーパーのチラシのような番組。野菜や魚の値段からダイエットの話まで、主婦が思わず見たくなるような内容で構成したいわゆる情報番組です。その頃はまだ情報番組という言葉がなかったので、説明されてもなかなか理解できませんでしたが、なんとなく新しい匂いがしたので、とりあえずやってみることにしたんです。

番組は夕方4時から1時間の生放送。朝から鍼灸師に取材に行ったり、その足で銀座三越に行き、取材した野菜を持ち帰ったり、放送直前までドタバタでしたね。取材先には、ビデオデンスケを持っていき、自分で撮影。間違えようがなにしようが、そのままノー編集で番組に出しちゃう。とにかく放送時間内に間に合うように戻ることが大前提だったんです。

完全に奥様向けの番組でしたが、今思うと、この時の経験がワイドショーへの踏み台になっていたと思います。取材方法もそうなんですが、一番学んだのは番組の視聴者である奥さんたちに嫌われないコツ。

女性って、嫌な女だなって思ったら一切受け付けない生き物なんですよね。結局は、となりのおばちゃんやお姉ちゃんみたいな人が好きなんですよ。

2、女性に嫌われないコツをつかんだんです

その頃のワイドショーは女性視聴者を意識しないとだめな時代でした。今は、バリバリ働いてテレビなんか観る暇がないという女性も増えましたが、当時は専業主婦が多かったので、昼間のテレビは奥様方のものだったんです。

「東京ホームジョッキー」は、(月)～(金)の昼の生放送。週に一回は、都内各地の大型団地から生中継もしていました。広場に大きなテーブルを置き、秋田から届いた魚だとか、千葉からは落花生とかっていう具合に、いろんな産地の食材を並べて売っていたんです。

カメラは1台しかないし、モニターもない。カンペもなければ、時間配分もわからない。だから、時間になるとAD(アシスタントディレクター)がテーブルの下にもぐって、私の足を蹴って知らせるというすべて現場の感覚で進行する番組でした。

そんな大変なことを一手に引き受けていたのが、売り子として出演していた私の役

目。最初は誰もやりたがらなかったので、じゃ私がやりますよってなったんです。半纏を着て一通り食材を紹介するんですが、買いに来ている団地の奥さんに「もっと、イキのいい魚ないの？」などと、普通に聞かれちゃうわけです。そうなると、もう自分でもスーパーの特売の売り子なんだか番組なんだかわからなくなってきちゃうんですよね。

ある時は、銭湯の取材でバスタオルを巻いて浴場に入ったんですが、おばちゃんたちに脱ぎなさいと言われちゃったんです。確かにおばちゃんたちは裸なのに、私だけ裸じゃないのはおかしい。決して「できません」と言わない主義の私は、この時、えーい！と、裸になっちゃったんです。モザイクがかかっていたかどうかは記憶にございませんが、あの時のカメラマンに会いたくないのだけは確かですね。

そんなドタバタな毎日を送っていたある時、二番目の子を妊娠したんです。さすがにお腹が目立ってくるので、プロデューサーにお休みを申し出たんですが、奥さんが妊娠するのはおかしいことじゃないし、これは奥様向けの番組なんだからそのままやってほしいと言われ、結局臨月まで続けました。その時のプロデューサーの決断には今も感謝しています。

なるべくお腹の大きさがわからないような服を着るようにはしていましたが、奥さんたちには気づかれちゃうのよね。「東海林さん、何か月？」「私も○か月なのよ」なんていう会話になって、妊娠していることが思いがけず奥さんたちとの距離を縮めるカンフル剤になったんです。

「東京ホームジョッキー」は、奥様のための番組だから女の人に嫌われるのは絶対にダメだと思っていました。その点、美人でもないし、お腹が大きい私には嫌われる要素がなかったんですね。

私は、この番組で改めて女性との接し方を学んだ気がします。そして、それが私にとっての大きな財産と自信になったのです。

3、テレビショッピングはフジテレビが元祖

「東京ホームジョッキー」のあとに誕生したのが、テレビショッピング。実はフジテレビがテレビショッピングの元祖だって知っていましたか？

団地でモノを売っていた経験が、今度はテレビショッピングで活かされることになったのです。

スタートしたばかりのテレビショッピングは、かなり攻めた番組でした。なんたって仏壇も売っていましたから。スタジオに仏壇をいっぱい並べて、お坊さんの説明を聞きながら、「こちらの素材は紫檀でございます」なんて感じで紹介していたんです。

テレビショッピングは暗記との闘いでした。当時は台本がなかったので、例えば百貨店の人から紹介する商品についての説明を受ける際も、口伝えに教えてもらった内容を丸々暗記して覚えていたんです。

あの頃はまだ記憶力もよかったんでしょうね。豊原ミツ子さんと小林節子さんと一

緒にやっていたんですが、誰ひとり間違えませんでした。ただ、せっかく完ぺきに暗記しても、機械モノの場合、本番で音が鳴らなかったりなんていうアクシデントで台無しになることも。生放送だから仕方ないんですけど、それには参りましたね。

そういえば、今は亡き大女優の高峰三枝子さんもテレビショッピングのファンでした。放送が終わるとご本人から電話があり「今日紹介していたお洋服、どうだった？」と、聞いてくるんです。高峰三枝子さんといえば、当時、大スターでしたから、いくらでも欲しいものが買えるのに、不思議とテレビで見ていると買いたくなっちゃうんですね。テレビでモノを売る。電話をかければ買える。そんな画期的な番組に大女優もくぎ付けになったんだと思います。

始まった当初はちゃんとしたスタッフルームもなく、どうなるかもわからなかったテレビショッピングでしたが、結果的には大当たり。フジテレビにものすごい利益を生み出しました。

その後、公共の電波を使って利益を生むことは電波法違反に当たるということが発覚したため、フジテレビではテレビで紹介したものをディノスで販売するというシステムが出来上がったのです。

4、どんなに儲けてもギャラは上がらない

テレビショッピングは、トータル8年ぐらいやったんですが、ある時なぜか、もういいわ、って思っちゃったんです。商品を覚えて、買いたくなるように説明して、値段を言うことの繰り返し。ラクでいいじゃないと思う人もいるかもしれませんが、私は違った。もっと刺激が欲しかったんだと思います。

ある時、一緒に番組に出ていた豊原ミツ子さんから、テレビショッピングを辞めようともちかけられたんです。まったく辞めるつもりはなかったんですが、なぜか豊原さんの言葉に動かされてしまい、結局、一緒にテレビショッピングを辞めちゃったんです。ちなみに、その時フジテレビから頂いた、とても大きな絵画は今も家に飾ってあります。

思えば番組をやっていた時は、地方の取材でステキな所に泊めてもらったり、美味しいご馳走を頂いたりと、いい思いもたくさんさせて頂きました。それは本当に有難

いことだったんですが、私たちがいくら頑張っても一向にギャラが上がらなかったのだけは、さすがに悲しかったですね。だって、あの当時、私たちがフジテレビにもたらした利益は大変なものだったと思っていますから。

第五章

「リポーターの現場から」

1、リポーターデビューは「3時のあなた」

今思えば、私のラッキー人生はラジオのアナウンサー時代までだったような気がします。テレビに転身してからは、ラッキーだけじゃどうしようもないことに気づかされたんです。それを痛感したのが、ワイドショーという世界。日々、起こる事件を取材しているうちに、現実の厳しさをたたきつけられていったのです。

テレビショッピングを辞めてからは、単発の仕事はちょこちょこあったものの、ゆったりとした生活を送っていました。ほぼ家事と子育ての毎日。そんなある日、普段なら子供と公園で遊んでいるはずの時間、たまたま家にいた私のもとにフジテレビから突然電話がかかってきたのです。電話の相手は、「3時のあなた」のスタッフでした。「通り魔殺人で殺された小学生の女の子の棺が自宅に戻ってくるんです。千葉なんですが、今から取材に行ってもらえませんか」。そんな唐突な依頼に何故か「行けます!」って即答しちゃったんです。頼む方も頼む方ですが、ワイドショー未経験なのに受ける私も私です。

でも、その時にもし引き受けていなかったら、他の誰かが行っていただろうし、私のリポーター人生も始まっていなかったと思います。そう考えると、この日の出来事は、それまでのどんなラッキーな人生をも塗り替える重要なことだったのかもしれません。

ところが、取材に行ったものの、案の定取材の仕方がわからない。こうなったら「東京ホームジョッキー」で培った一般人目線でいくしかない。そう開き直った私は、遺族であるお父さんに「大変でしたね」とマイクを向けずに話しかけたんです。

どうしていいかわからずにやったことでしたが、なんと私の問いかけに応えてくれたんです。下を向きっぱなしのマイクにも、その声がしっかり入っていました。この時の取材は、今思うと完全にビギナーズラックだったと思います。

右も左もわからない状態でこんな風に瞬時に対応できたのは、間違いなくこれまでの経験の賜物。初めての取材で思いがけず手柄を挙げられた私は、これを機に「3時のあなた」の専属リポーターになったのです。東海林のり子、40歳のことでした。

リポーターを続けられたのは家族のおかげ。やっと
行けた家族旅行でも私だけが仕事に向かうことも

2、森光子さんは仕事に厳しい人でしたね

ワイドショーのリポーターになった私は、フジテレビの「3時のあなた」で森光子さん司会の曜日に配属されました。しかし、私を待っていたのは、〝大スター森光子〟というとてつもなく大きな壁。スタッフも全員男性という現場だったので、日々孤軍奮闘するしかない環境に身を置かれたのです。

放送時間は午後3時からなんですが、森さんはいつも午前11時から始まるスタッフ打ち合わせから参加していました。みんなでわいわい世間話なんかをはじめるんですが、ひとたび私がその会話に入ると、あからさまに無視されるんです。目線すら合わせない。

新人なのでしばらくは耐えていましたが、さすがに限界になり担当のPD（曜日プロデューサー兼ディレクター）に辞めたいと申し出たんです。でも、その時のPDの2人がいい意味で変わりものだったので、「そんなの我慢すればいいんだから」と全

く取り合ってくれない。結局、半年ほど我慢しました。

　そんな毎日に転機が訪れたのは、産婦人科乱療事件を担当した時のことでした。医師が利益のために健康な女性の卵巣を取ったり、必要以上にホルモン注射をしたりという残忍な事件の被害者が、私のインタビューに応えてくれたのです。

　その日スタジオに戻ると、森さんが「東海林さん、よく取材できたわね」と、初めて名前を呼び褒めてくれたんです。その瞬間、涙が出るほど嬉しかった。ずっと、いつ辞めよう、いつ辞めようと思い続けてきたのに、たった一言褒められただけで、今までの嫌なこともなにもかもが全部吹き飛んでしまったんです。森さん自身が遅咲きで苦労してきた方だから、人一倍仕事に対する意識が高かったんだと思います。当時は、今みたいにプライドを持って働く女性も少なかったので歯痒かったのかもしれませんね。

　この一件以来、私は森さんから優しく接してもらえるようになりました。そして、私自身も森さんの気持ちを理解することができたことで、ようやく一人前のリポーターになれたんだと思います。

プロの厳しさを教えてくれた森光子さんと。
フジテレビ『3時のあなた』のスタジオで

3、取材が面白くなってきたのは女性ならではの視点のおかげ

ワイドショー初期の頃は、リポーターもニュースキャスターも新聞や週刊誌の記者も全部男性でした。なので、私が現場に行くと、「おお、女がきたよ」と、馬鹿にするような目でみられていたので、逆に火がついたんです。今にみてろって。

完全に男社会の現場でしたが、男の人たちは現場で談合みたいなことをしていたようで、みんな簡単に取材を打ち切って帰ってしまっていたんです。私はもともと相手にされてないから、ちょっと待ってから帰るふりをして、すぐに現場に戻るという独自のスタイルで取材していました。

すると、取材陣が誰もいなくなった現場に、近所の奥さんたちが出てきて井戸端会議を始めるんです。そこにマイクを突っ込むと、あっという間に5、6人のインタビューがとれちゃう。男性に勝つためには、これだ、って確信しました。

そんな風に取材をしていくと、男女の取材の違いみたいなものがみえてくるんで

す。男の人は諦めが速い。これ以上は聞けないと思うと、さっさと引いちゃうんです。反対に女性は諦めが悪い。なにか勘みたいなものが働くんでしょうか、しぶとくその場に残るんです。

大勢の取材陣が囲み、一斉にマイクを向ける場面をテレビでよくみかけるでしょ。そんな時も、私はちょっと視点が違います。マイクを向けながらも、離れた場所から向かってくる自転車なんかに目がいってしまうんです。その自転車が家の前にすっと停まろうもんなら、この人、絶対なにか知ってる！とアンテナが反応するんです。

そして、カメラマンに声をかけ、皆さんとは別行動で取材する。そんなことを何度も繰り返しているうちに、カメラマンやディレクターとの息もだんだんあってくるんです。

チームワークがいいと、ただ取材するだけじゃなく、取材の醍醐味のようなものも感じてくるんですよね。それからは、現場での取材の方程式のようなものが出来てきて、どんどん仕事がはかどるようになってきたんです。

4、リポーターの心得と最低限の礼儀

「3時のあなた」が終了したあとは、同じフジテレビの朝のワイドショー「おはよう！ナイスデイ」で主に事件と葬儀の取材をするようになりました。どちらにも対応できるよう、洋服はいつも黒一色。バッグには塩と数珠を常備。葬儀用に持っていた塩は、殺人現場でのお浄めとしても役立ちました。

バッグには、小さい寒暖計も必ず忍ばせていました。寒いところからの中継の時など、言葉で「寒いです」っていっても伝わりにくいじゃない。そこで、この寒暖計を指して、「氷点下2度です」っていうと実感が湧くもんなんです。実際に立っている現場の温度を伝えるのが一番リアルだと思っていたので、寒暖計は常に持ち歩いていました。

事件で被害者の家族にインタビューする時、亡くなった方の顔を見てやってくださいと言われることが結構あります。お子さんを殺害された親御さんは、なおさらその

気持ちが強かったように思います。私も人の親ですから、可愛い顔を見てもらいたいという親心に触れると、行き場のない感情に押しつぶされそうになるのです。そんな時は、できる限り私一人で静かにお線香をあげさせてもらい、お花代を包んでお渡ししていました。

被害者や遺族などにインタビューすると、ワイドショーはデリカシーがない、などと叩かれることもありますが、被害に遭われた方にとっては、その時の悔しさや悲しみを吐き出す限られた機会でもあるのです。だからこそリポーターは、最低限のマナーを守り、恥ずかしくない仕事をしなければいけないと思っています。

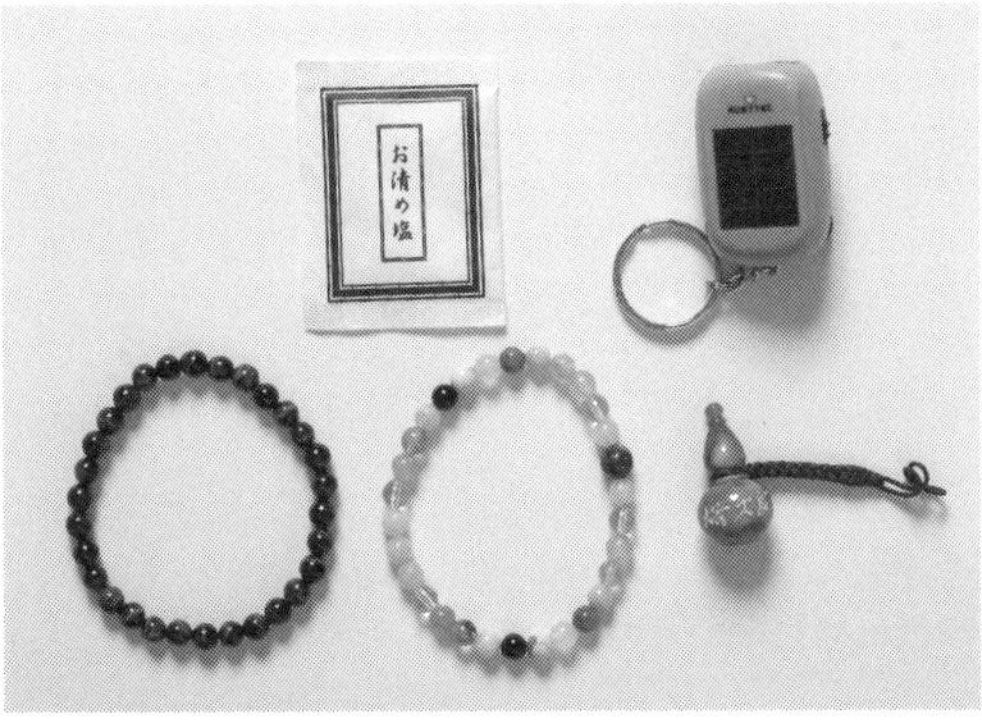

バッグの中には数珠、お清めの塩、
寒暖計などを常備していた

5、絶対ダメだろうって思って行くとダメなのよ

新人時代、事件現場に入る時は、ここにいる人たちは「東京ホームジョッキー」で取材した団地の奥様たちと同じなんだ、と思うように心がけていました。すると、不思議なほどスッと寄り添える気がするんですよね。

インタビューしたい方の家に突然訪ねていくわけですから、断られるのは大前提なんです。絶対ダメだろうなって弱腰でいくと、案の定断られる。それをどうやって突破すればいいのか。そこで考えたのが、家のちょっと先に車を停め、タイミングを見計らってスタッフ全員で車から降りて突進するという方法です。相手の都合はこの際、考えない。とにかく勢いでどぉーんって突入するんです。

ドアを開けてもらったら、もうそのまま上り口まで入ります。もたもたしていたら、一瞬で流れが変わって「やっぱり、困ります」っていうことになるので、躊躇しちゃダメなんです。よくドラマなんかでもみるでしょ。ちょっとドアが開いたら、サッと

足を挟んで閉められないようにするシーン。あれ、現場でも、実際にやりました。そう考えると、私もなかなかハードなことをやってきたんですね。

でも、ドアが開いた時に女性が出てきた場合は、ちょっと方法を変えます。女性がすっぴんだったら、「お忙しそうなので、その辺回ってきます」と言って、せっかく開けてもらった扉を一旦閉めるんです。しばらくしてから、またその家に戻ると、今度はしっかり化粧をして待っていてくれる。それが女性というものなんです。

その反面、男性は、ダメと言ったらダメ。その点、女性は融通が利くんですね。喋ったほうがいいのかしら、いや、むしろちょっと喋りたいという世間話好きな特性や、すっぴんでテレビに出るのはイヤだけど、どうせ出るならキレイに映りたいという美意識が瞬時に働くんだと思います。

こんな風に、男性と女性で取材方法を使い分けたりもしますが、「絶対ダメに決まってる」と思いながら行った場合は、そんな手法すら通用しません。そもそも気持ちで負けている人に、いい仕事はできないのです。

6、忘れられない一筋の涙

これまでに多くの大物芸能人の葬儀を実況してきたので、忘れられない葬儀はたくさんありますが、強く記憶に残っているのは、いつも残された人の涙なんです。

私はだいたい、出棺からの実況を担当するんですが、最後の喪主挨拶が亡くなった方の奥様だったりすると、決まって同じ仕草に目が行くんです。

憔悴しきって挨拶もできず、しばらく沈黙が続いたあと、持っている遺影にぽとりと涙を落とす。ぽとぽとじゃなく、ぽとり。出るのは言葉ではなく、一筋の涙だけ。そして、遺影の上を涙がすうっと伝う。その姿に悲しみがこみ上げ、思わず妻の立場になってしまい心をもっていかれてしまうんです。

石原裕次郎さんのご葬儀の時もそうでした。奥様のまき子さんも、しばらく黙りこみ、絞り出すような声で「石原・・・」というと、遺影にぽとりと涙を落としたんです。これまで、たくさんの夫婦の別れをみてきましたが、夫婦の絆が深ければ深いほど、堪えるように静かに涙を落とすような気がします。

不謹慎かもしれませんが、テレビを見ている人の感情を揺さぶるのはカメラマンの腕次第。一瞬の悲しみを捉えることで、それまで歩んできた夫婦の絆を物語る最高の映像になるのです。

7、現場に行った数は誰にも負けません

ワイドショーのリポーターは、やればやるほど勘みたいなものが備わって、スムーズに取材できるようになるんです。

例えば、週に一件しか取材しなかった時と、何件も取材した時とでは、現場での閃きが全く違う。この事件はどこを攻めればいいのかが瞬時にわかるようになるんです。

当時、リポーターはポケベルを持たされていたんですが、面倒な事件を頼まれるのが嫌でスイッチを切っちゃう人もいたので、最後に回ってくるのはいつも私。そのうち、刑事みたいに犯人に対しての勘も働くようになってきました。

同行するディレクターは曜日担当で分かれていたので、月曜に起きた事件が火曜に持ち越した場合、事件の詳細をわかっているのは、私だけ。私の頭の中ではどこでなにを撮るかが明確にみえているんですが、スタッフはほとんどわかってない。だから、

現場に到着するまでの取材車の中では、一人でずっと立ちリポの流れを考え、現場についてからも大体私が先行していたんです。

もしかしたら、私がリポーターという仕事に自信が持てるようになった理由は、ひとつの事件を曜日に関係なく通しで取材できたことや、どんな取材も断らずに引き受けてきたこと。そして、取材構成なども自分で考えてきたことが大きかったのかもしれません。

フジテレビ『おはよう！ナイスデイ』のスタジオで

8、全部一人でやってやる！

現場に出れば出るほど勘が冴えることを実感してからは、むしろ大きな事件は他人には任せたくない、という気持ちも強くなっていきました。

実は私は、制作部から一週間分ずつの拘束料を貰っていたので、頼まれた仕事を断れない立場ではあったんです。だから、人が断った仕事もやる。それを繰り返すうちに事件リポーターという仕事にやりがいを感じるようになったという経緯があります。

アクセスの悪い地方の取材が入ったりすると、「東海林さん、行ける？」と、なる。拘束料はある程度のキャリアがあるリポーターなら誰でも貰えるものなんですが、殆どのリポーターが申請していなかったので、結局、私の出番がどんどん増えていったのです。

「3時のあなた」が終了し、「おはよう！ナイスデイ」に配属になった時も、その状況はまったく変わりませんでした。例えば、リポーターみんなでランチを食べているところに、「これから北海道に行ってほしい」という電話が入ると、「東海林さんいるわよ」と、電話を回してくる。もちろん私は断らないので、すぐに席を離れて打ち合わせに向かうわけです。

でも、ある時そんなことを繰り返すことが嫌になり、リポーター仲間と一緒にランチするのをやめたんです。すると、どういうわけか、これからは全部一人でやってやる！というパワーがふつふつと漲ってきたから、人の感情って不思議ですね。

私はこれまで、職場でいざこざがあっても、なるべく関わらないようにしながら解消してきました。妬みや嫉みは病気のもと。それを避けるためには一人になるしかない。その分、自分の仕事を完璧にやれば、そんなことは他愛もないことだと言い聞かせながら。それでも、やっぱり限界はありました。

私がフジテレビをやめた理由は、60歳の区切りということもありましたが、職場でのストレスを跳ねのけることに疲れてきたというのも大きかったんです。

第六章

「夫婦の現場から」

1、結婚は勢いが大事

私って結構、天邪鬼なんですよね。やめなさいって言われると冗談じゃない！って、むきになっちゃう。家族全員に結婚を反対された時も、めちゃくちゃ燃えました。絶対に結婚してやるという思いだけで、ひたすら驀進したんです。

出会った当時、夫は立教大学生。ＥＳＳ（イングリッシュ・スピーキング・ソサエティー）サークルの後輩でもありました。大学時代は、ただの後輩としか思ってなかったんですが、私がニッポン放送で働き始めてからは、車好きだった夫によく有楽町から浦和まで送ってもらっていたんです。いわゆるバブル時代にいたアッシーっていうヤツですね。

実はその時、私には好きな人がいたので、夫は恋愛対象ではなかったんです。その人はニッポン放送の音楽番組のイケメンディレクターだったんですが、彼にぞっこんだったんですよ。

だから、夫にプロポーズされた時も、「今、私は真っ暗なトンネルを走ってます。まだ明りが見えない。その明りが見えるまで待っててね」と、わけのわかんない言葉でやんわりと断ったんです。でもその後、よく考えてみると、ディレクターは年上でモテモテだけど、東海林君なら年下の後輩だからいろいろ優位だな、と思い直し、プロポーズを受けることにしたんです。冷静に思い返すと、まったく後先考えないで決めちゃっているんですよね。

その後、両家に報告に行ったんですが、うちの家族は大反対。夫の方からも、お姉さんとお兄さんが独身だったこともあり反対されました。普通ならここで諦めるんでしょうが、逆境にこそ燃えてしまう私ですから、そんなことじゃ諦めない。説得の末、夫が大学を卒業してからなら、ということでなんとか許してもらったんです。

結婚を反対されたせいか、それからの夫の行動が凄かった。結婚するんだから稼がなければならない。そう思った夫は、成績がいい分だけ稼げる営業マンになる決心をしたんです。

そして大学卒業後、レミントンランドというタイプライター会社に入社。そこで、ずば抜けてスゴイ営業マンの仕事の仕方や姿勢などを真似ながら、バリバリ働いたんです。

目標をもつって本当に大事なことなんですね。その時の夫は、結婚を認めてもらうためにガムシャラに働いていました。ついには結婚資金まで貯めたので、今度は意気揚々とお互いの家族に会いに行ったんです。そこまでしたら反対される理由もありませんし、さすがに誰も反対しませんでした。

こうして、私たちは晴れて結婚式を挙げられることになったのです。

銀座東急ホテルで行われた結婚式。のり子２６歳、誠２３歳

2、お姑さんと仲良くする秘訣

東海林家に嫁いでいますから、私にもお姑さんがいました。ただ、私の場合、夫が末っ子だったので気楽なもんでしたが。そんな境遇でも、いい嫁とは思われたい。そこで私は、仕事で会いに行けない埋め合わせに、ひたすら手紙を書いていたんです。

手紙は折々に送っていました。貰った方は嫌な気持ちはしませんものね。例えば、「お母さん、お元気ですか。息子のタケシは元気です。パパも元気に働いています。仕事が忙しくなかなか会いに行けなくてごめんなさい」というような、とりとめない手紙を何通も送りました。

姑が亡くなった時、義兄の奥さんがその大量の手紙を持ってきてくれたんです。有難いことに、姑は私が送った手紙を全部とっておいてくれていたんですね。送った私はすっかり忘れているのに。その手紙を受け取った時は、大事にしてもらっていたんだという嬉しさと、お姑さんにいいことをしたな、っていう充足感で満たされました。

私はもともと手紙を書くのが好きなので、全く苦痛じゃなかったんですが、苦手な人は、今ならＬＩＮＥやメールなどで一言「お元気ですか」と送るだけでも、お姑さんはきっとすごく喜んでくれると思います。嫁姑問題なんて、実はそんな小さな気配りだけで解消しちゃうのかもしれませんね。

夫とは立教大学の先輩後輩という間柄だったので、夫婦というより友達みたいな感じでした。本人は威張っていましたけど、所詮後輩ですから、亭主関白ではなかったですね。めったに怒らないし、末っ子同士だから基本的にはお互い甘え上手だったんです。

3、熟年離婚したいと思ったら

熟年離婚って、相手がうっとうしくなるのが原因だと思うんです。特に男性の場合、歳とともに活動的じゃなくなる人が多いので、家にいられるだけでうっとうしくなる、なんて話をよく耳にします。ゴルフ三昧でめちゃくちゃパワフルすぎるダンナさんも、それはそれで置いてけぼり感があって嫌ですけどね。

今、もし熟年離婚したいと思っている人がいたら、ダンナさんをほったらかして何かを始めればいいと思うんです。今はコンビニやスーパーのお惣菜もあるんだから、ご飯なんて作らなくていいと思うし、この際、思い切って何もしないでどっかに出かけちゃえばいいんですよ。ボランティア活動でも街ブラでもなんでもいい。顔を合わすとうんざりするんだから、とにかく一人になれる時間を持つことが大事だと思うんです。

夫は夫。私は私。夫婦だけど同じことをする必要はない。だから、ダンナさんがダラダラしようと自分には関係ないこと。それでも目に付いてイラついてしまうなら、仮面を被っちゃうのはどうでしょう。いわゆる仮面夫婦。夫婦なんて所詮他人なんですから、別人を演じ、心にもない笑顔のひとつでもみせれば、案外場が和んだりするもんなんですよね。

ダンナさんはこんなだけど、私は幸せだからいいや。そう割り切ると、ダンナさんのうっとうしさが気にならなくなってくるかもしれません。それに、長年連れ添うと、不思議と最後まで面倒見ようという情も涌いてくるもんなんですよね。

立教大学の後輩だった夫の誠さんと。誠さんは一昨年他界

4、鬱っぽくなった夫との上手な過ごし方

夫は退社後も働きたいと言ったんですが、その時私はバリバリの現役だったので、もう働かなくていい、っていってしまったんです。そんなわけで、リタイア後は再就職せず家にいましたが、専業主夫になってくれるわけでもなく。結局、家事は私が働きながらやっていました。

夫はサラリーマンだったので、つきあいは仕事関係の方がほとんど。退社してからは、学生時代からの友達5人ぐらいとしかつきあってなかったと思います。家にばかりいるもんだから、しまいにはちょっと鬱っぽくなっちゃって。だから、私も暇さえあれば、一緒に買い物に出かけたり、すき焼きの食べ放題に行ったりと、一緒に出歩くようにしていました。

そんな時に出会ったある女性編集者の勧めで、その頃の夫との様子を本に書くことになったんです。一冊の本にするためには、それなりのネタが必要じゃないですか。だから、本のために夫には内緒でいろんなことを仕掛けました。

元気になるかもしれないと、朝に生姜紅茶を飲ませてみたり、銀座に出かけたついでに松屋でランチを食べたり、伊豆下田旅行に行ったり。その時々に夫が放つ言葉なんかをザッとメモしていたんです。

一番印象に残っているのは、二人で近所の食堂に行った時のこと。あっちで赤ちゃんが泣いていると思ったら、こっちで夫婦喧嘩してる。若いカップルもいるし、私たちみたいな老夫婦もいる。そんな雑然とした中でご飯を食べていたら、なんか不思議と気が晴れたみたいなんです。こじゃれたレストランでは味わえない素の人間模様をみて、刺激を受けたのかもしれませんね。

そんな鬱々とした時代は4年ぐらい続いたんですが、あまり深刻にならずに乗り越えられたのは、本のネタ作りという使命があったおかげも大いにあります。

その時、完成した本のタイトルは「夫を粗大ゴミにしない」。勝手にモデルにしたことを怒られると思ったんですが、夫からは「よく書けているね」と褒めてもらったので、あの時、思い切って書くことにして本当によかったと思っています。

夫を粗大ゴミにしない

5、リタイア後の夫の世話は本当に大変でした

夫は仕事を辞める前から糖尿病を患っていました。営業部長という仕事柄、お酒を飲む機会が多かったので、アルコール依存症の一歩手前までいっていたんです。そのうえ、お酒の飲み過ぎで目も見えにくくなってきていたので、糖尿病の合併症にはかなり悩まされました。

虎ノ門病院の眼科の先生には「東海林さん、このままお酒を飲み続けると、目も見えなくなるし、足も切断しなきゃならなくなる。そうなったら運転もできなくなりますよ」と、かなりショッキングなことを言われました。大好きな運転ができないというのが相当効いたようで、その日からピタリと禁酒。亡くなるまでの約30年間は一滴も飲まない生活を送っていました。

でも、禁酒したところで長年にわたる肝臓へのダメージがなくなるわけでもなく、挙句の果て、糖尿が悪化し一日おきに透析に通うことになってしまったんです。

そんなある日、足の傷の炎症で急遽入院することに。ところが、入院したとたん「嫌だ嫌だ、退院したい」の大騒ぎ。ついには先生も折れて、自宅訪問看護に変更してもらうことになったんです。平日は看護師さんが来てくれるので問題ないんですが、日曜日は私と娘で傷の手当てをしなきゃならなくて、これが結構大変な作業でした。

そして、自宅看護に悪戦苦闘しているある日、夫が高熱のため病院に逆戻りすることになったんです。医師からは、「こんなことを繰り返してたら、どんどん進行するばかりだから、もう足を切断しましょう」、と苦言を呈されてしまいました。

その時、「万が一のこともあるかもしれないから覚悟しておいてください」とも言われたんですが、担当医が海老蔵さんの怪我を治した名医だったので信頼してお任せしました。そして、手術は無事に成功し、夫の膝から下はキレイに切断されてしまったのです。

6、お酒の飲み過ぎは命取りなのよ

夫は、40代ごろから病気のデパートでした。足を切断しても透析はしなきゃならない。ある時、夫から透析後にお昼を食べるから来てほしいといわれ病院に向かっていると、30分もたたないうちに、なんとパンを喉に詰まらせたから緊急手術をするという知らせがきたんです。

この時の手術も無事に成功したんですが、かなり危険な状態だったようで、もって一両日中だと言われました。それには、さすがに私も覚悟を決めたんですが、なんと奇跡的に自発呼吸を始めたのです。

そこで、自宅に近い鶴見の病院に転院。とても明るくていい病院だったので、私も頻繁に通っては声をかけたりしていました。病院側も本当によくやってくれたんですが、結局一カ月ほどして夫は亡くなってしまったのです。

夫は40代ぐらいからは病気ばっかり。かたや私は病院嫌いの病気知らず。病院なんて本当は行きたくもないんですが、長年連れ添った夫ですからね。そこはもう割り切るしかないわけです。

夫の長患いの一番の原因は、お酒。40代で糖尿病を発症してからも、薬を飲みながらお酒を飲んでいたんです。あの時代は、接待費もいっぱい出ていましたからね。いつも午前3時ぐらいまでは飲んで帰ってきていました。

若いうちってガンガン飲んでも、どうってことないじゃないですか。でも、やっぱり飲んだ分だけ肝臓は傷ついていく。そして、その傷はずっと残っているから、例え何十年禁酒しても過去の傷がしぶとく悪さをしちゃうんです。

若い人に飲みすぎ注意なんていってもピンとこないと思いますが、こういった経験をすると、酒は万病の元という言葉が身に沁みますね。

第七章

「家族の現場から」

1、人生に絶体絶命はない

フジテレビの「3時のあなた」をやっていた時は、まだ子供たちも小さかったですし、夫もサラリーマンでバリバリ働いていたので、仕事と家庭の両立は結構大変でした。

当時、子供たちのことは、家政婦紹介所からくる70歳ぐらいの女性にお願いしていました。実はその人、一日一回は公園に行ってくださいとお願いしていたのに、ずっと家でテレビを観ていたんです。ある日、なぜか時代劇の真似をする息子に「おばちゃん、時代劇みてるの？」と聞いてみたら、「うん」って。

さらに、まだ新しい家だったのに、家具や壁の角とかが割れていたので、それについても、「おばちゃんが掃除機ぶつけてる」と。そんなのいくら隠しても、子供の言葉ですぐにばれちゃうわけです。本当言うとちょっとムカついたんですが、そのことを責めたら、もう来てくれなくなっちゃうかもしれないと思い、グッと我慢していました。

そんなある日、仕事に出かける一時間前に、その家政婦さんから高熱で行けないという連絡が入ったんです。慌てて家政婦紹介所に別のシッターさんをお願いしたんですが、今日の今日は無理だと断られたんです。ずっとお願いしているのに冷たすぎますよね。

でも、こんなところでキレてる場合じゃないと気持ちを切り替え、ちょっと遠いけど、実家の母に電話したんです。そしたら母も、歌舞伎に行くからと撃沈。こうなったら最後の手段、夫のお姉さんに頼むしかない。思い切って、電話してみると快く引き受けてくれたんです。切羽詰まっていたので、その時は義姉が神様に見えましたね。

この我が家のシッター事件は、その後、人生の難関を乗り越えるためのモデルケースになりました。誰かがダメなら誰かに頼む。一度ダメでも諦めずに知恵を絞れば、最終的にはなんとかなる。世の中に絶体絶命はない。そう悟ったんです。

当時住んでいた団地の屋上で長男と

2、還暦祝いの贈り物

もう26年も前のことなんですね。1994年、私の還暦の記念に藤田恵子さんらリポーター仲間が中心となって、還暦祝いのパーティを開いてくれたんです。場所は東京の高輪プリンスホテル。有難いことに、700人もの人が集まってくれました。

鏡割りをしてくれたのは、「3時のあなた」でお世話になった森光子さんと富司純子さんや八代亜紀さんといった錚々たる顔ぶれ。大女優、大物歌手、ロックアーティストなど、本当にいろんなジャンルの方々が駆けつけて

くれたんです。

そこには2010年に逝去した梨本勝さんの姿もありました。梨本さんと私は、高校時代を同じ浦和の地で学んだこともあり、同志のような間柄でした。梨本さんは芸能、私は事件のリポーターとして、お互いの仕事ぶりを認め合っていたんだと思います。とにかく熱血漢溢れる方でしたから、事務所の大きさや忖度などおかまいなしの取材に、疎ましく思っていた人も少なくなかったと思います。

その後、梨本さんとは「梨本芸能！裏チャンネル」という携帯サイトでご一緒しましたが、その熱血ぶりは変わらず。浦和がつないだ二人で、「恐縮です」「現場の東海林です」を合言葉に、楽しくお仕事をさせて頂きました。

梨本さん同様、還暦パーティに集まってくれたリポーター仲間との思い出は、今も私の大切な宝物です。そして、もうひとつ。このパーティでは、生涯忘れない宝物を長男からもらいました。

昼夜問わず取材に走り回っていた頃の母親を、子供たちはどんな思いで見ていたんでしょう。夏休みの家族旅行中も食事の真っ最中も、突然呼び出されては現場に向かっていく母親の姿に、少なからず寂しさを感じていたに違いありません。ずっと恐くて聞けずにいた、そんな私の気持ちを察するように、パーティの席上で息子がこう言ったのです。

「母は授業参観の時、どのお母さんよりも輝いていました」。

この言葉を聞いた瞬間、心のモヤモヤがスッと晴れた気がしました。そしてこの時、後悔なくリポーター人生を終わらせる決心がついたのです。

心優しく育ってくれた息子とわがままひとつ言わずに育った娘は、今はそれぞれステキな家族をもち幸せに暮らしています。そして私も、美人で賢い嫁と、いつでも「ありがとう」が言える可愛い孫に助けてもらいながら、幸せな日々を過ごしています。

リポーター仲間が開いてくれた還暦パーティ。
会場の高輪プリンスホテルには７００人がお祝いにかけつけた

3、遺産相続で揉めるなんてまっぴらごめん

世間では、親の遺産相続で揉めている話をよく耳にしますが、私は実家の青羽家の遺産相続を放棄したので、なにひとつトラブルはありませんでした。当時、働いていたからということもありますが、揉めて裁判沙汰になったら余計お金がかかりますからね。

夫の遺産は、大したことなかったので、私と長男のタケシと長女のアキで3等分しました。遺産分配を現金で渡すことにしたので、当時、証券会社に預けていたお金を下ろすことにしたんです。

そうしたら、その時の課長さんに「東海林さん、3月になったら上がりますからもう少し待った方がいいですよ」って止められたんです。その時は、オリンピック景気に乗って伸びる予定でしたから、できるだけ下ろさせたくなかったんでしょうね。でも、上がるとか別にどうでもいいと思っていたので、その提案は受け入れずに下ろし

ました。

そう思うと、もしかしたら私って預言者なのかもしれませんね。欲をだしてそのまま預けていたら、コロナ禍のせいで半分ぐらいになっていたんですから。

お金って、尋常じゃないほどのお金持ちにはどんどん寄っていくけど、中流以下の人には寄り付かないっていう気がします。だから、私はあんまりお金に固執しない。

遺産なんて、そもそも自分が働いてもらったもんじゃないから、当てにしないほうがいいんです。

4、歳をとったら包み隠さず家族に伝えるべし

長男の嫁は中国人なんです。彼女は今、中国との仕事をしているんですが、母国を離れての暮らしや日本で過ごす将来に多少なりとも不安を抱えているようなんです。

私も長男もお金に固執するタイプじゃないし、義母である私の86歳という年齢も不安材料になっているのかもしれません。日本人って、相続の話とかを先延ばしにしがちじゃないですか。そんなこともちゃんとして欲しかったんだと思います。そこで私も重い腰を上げ、先日、長男と長女を自宅に呼び、相続税の負担を少なくする方法でお金を貯めていることなどを全部話したんです。やっぱり、こういった大事な話は、親がしっかりしているうちにちゃんと話しておいた方がいいんですよね。

また、歳をとると、お墓のことも家族の重要な案件になってきます。東海林家のお墓は、夫の両親が亡くなった時、お兄さんが中心になって、小平につくりました。

その時、はたと気づいたんです。夫は末っ子だから、お墓を自分でつくらなきゃならない。新たにお墓をつくるのって結構お金がかかるんですよね。そこで、東海林家

のお墓をつくる際に、「半分お金を出すので、うちの夫もそこに入れさせてください」って頼んだんです。だから東海林家のお墓には、夫、そして将来的には私と長男のタケシの代も入れてもらえることになりました。

これから先は、どんどん墓守りが減っていくでしょうから、お墓のあり方も随分変わっていくと思います。私は結果的に半額で買った東海林家のお墓に入ることになるので、そういった問題もあまり考えなくてもいいのかもしれません。咄嗟の閃きだったとはいえ、今は感情より合理性を重んじたあの時の私の決断を褒めてやりたいと思っています。

5、ペットロスもアイディアひとつで乗り越えられるのよ

我が家には、夫から誕生日のサプライズプレゼントでもらった猫のミミちゃんがいました。昨年、夫のあとを追うように亡くなってしまいましたが、かなり長い間、家族の一員として暮らしてきました。

亡くなるまでの1、2年は腎臓を患い、動物病院へ点滴に行く毎日。80歳になってからは、夫とミミちゃんの病院通いのため、嫌いな病院にもせっせと通っていたんです。

点滴に行くと一口に行っても、歳をとっている私にはとても大変なこと。ミミちゃんをキャリーケースに入れ、支度をし、タクシーを呼んでと、病院に向かうだけでも一苦労でした。タクシー代は往復約2000円。点滴と免疫力を上げる注射代は、どこの動物病院も同じぐらいだと思います

愛猫ミミちゃんの写真は
今も大切な宝物

が2本で5500円。一回の通院に7500円もかかっていたんです。

そんな大変な思いをした最期でしたから、ミミちゃんが亡くなった時は、相当落ち込みました。普通ならそのままペットロスになる人もいるんでしょうが、毎日通院し、これ以上やることがないというくらいやりつくしたので、なんとか乗り切れたと思います。

家にこもって泣き暮れるなんて絶対にイヤだったし、そもそもペットロスになる人って、愛情が深すぎると思うんですよね。過剰な愛情はただの執着。日ごろからそう思っているので、最期は穏やかな気持ちでお別れができました。

ミミちゃんが亡くなった時、悲しみを乗り越える方法として考えついたのが、ミミちゃん貯金。一日にかかっていた7500円をミミちゃんが生きているつもりで貯めるというものです。気が向いた時にしかやっていませんでしたが、あっという間に20万円も貯まりました。そうやって、ミミちゃんのために貯金しているうちに、辛さや悲しみが日ごとに薄れていき、モヤモヤした気持ちが少しずつなくなってなくなっていったんです。

それと、亡くなった後は、オモチャの猫を買いました。真っ白くて、お腹を押すと「ニャオ」って鳴くの。今はこの猫ちゃんを大切に可愛がっています。

猫のイラストは通院した日の印。
ほぼ毎日通っていた

6、大事なことは頑張ることじゃない、可愛がること

姪の子供のノブちゃんは、脳性麻痺です。出産時、一時的に脳に酸素が行かなくなって、医師から10歳は越えられないって言われたんですが、今なんと30歳で元気にしています。

小さい頃は姪が無理やり養護学校に通わせ、特別な訓練を受けさせていたんですが、ノブちゃんはそれが嫌だったんですね。全身で行きたくないと訴えていたんです。

泣いて嫌がっているのに鉄棒にぶら下げられたり、筋力をつけさせられたりすることに意味があるのか。そう思った私は、姪に学校をやめさせるよう助言し、姪も納得して、結局養護学校をやめたんです。

学校をやめてからは、親戚同士でよく集まりました。会うたびに、「ノブちゃんかわいいね」と言い続けていたら、そのうちだんだん笑うようになったんです。実は、笑うこと自体が奇跡的なこと。私も私の子供たちもノブちゃんのことを本当に可愛く

思っていたので、声をかけるとちゃんと笑顔でリアクションしてくれるノブちゃんのことが大好きなんです。

だけどね、面白いことにノブちゃんは声をかけてくる人が本当に自分のことを思っているか思っていないかをすぐさま判断するのよ。車いすに乗せて歩いていると、知り合いが「ノブちゃん、元気ね」なんて優しくいってきても、人によっては無視しちゃったりするの。まさにリトマス試験紙。ノブちゃんは、一瞬でその人の本心を見抜いちゃうんです。

当初、姪はノブちゃんが食べたものなども克明に書いていたんですが、それもやめた方がいいと助言しました。だってそれは、自分が頑張っていることの確認作業であって、本当の愛情じゃないと思うから。大事なことは、何を何グラム食べさせたっていう記録じゃなく、たくさんかわいいねって言ってあげることだと思うんです。

大体、記録なんか取ると世間様に公表したくなるものなんですよ。私は好みませんが、そういう本も結構あるんですよね。

もちろんすべて個人的意見ですが、障がいがあっても、この子はこの子なんだって思って「かわいい、かわいい」って言いながら育てたいですよね。

第八章

「事件の現場から」

1、事件は悪環境の現場で起こっている

毒入りカレー事件の現場には、うっそうと木が生い茂っていて、まさに事件が起きるべくして起きたという印象でした。家はすでに取り壊され公園になっていますが、当時の家の裏には、どぶ川が流れていたんです。そういう悪環境も事件が起こる原因のひとつだと思っています。

空気や水が汚染されている場所、家が密集している場所、ごちゃごちゃとした複雑な場所といった地域的なものや、家の形、窓の有無、木々の生え方といった現場特有の雰囲気なんかでも事件の匂いがわかります。

連続幼女誘拐殺人事件を起こした宮崎勤の部屋も事件の匂いがプンプンしました。窓はなく、約６０００点という膨大なビデオテープやマンガ本が所狭しと並べられている異様な空間。そこにいるだけで何となく気分がすぐれなくなる場所だったのです。

また、窓が極端に少ない三角の変わった形の家では、血のつながらない母親が鎖で息子をベッドの足につないでいたという事件がありました。

その家で一番ゾッとしたのが、敷地内のある一面にだけ真っ赤なバラが咲いていたこと。お花を大事に育てる人がそんな狂気的なことをするなんて思いもしないじゃないですか。バラの花が本当のことを隠すためのカムフラージュだと知った時には、一目で事件の匂いがする方が、まだマシだと思いました。

取材を進めると、その母親になじめなかった息子がコンビニでしょっちゅうおにぎりを万引きしていたので、それを止めるために鎖でつないでいたということがわかりました。結局、世間体を気にする女性が、本当の母親になりきれなかった末の悲しい結末だったのです。

家といえば、団地暮らしの時は家族の仲が良かったのに、家を建てた途端バラバラ、なんていう話もよく耳にします。この場合、家を建てること自体は悪いことじゃないんですが、無理して分不相応の家に住むことが問題なのです。無理すると必ずどこかに歪みがでる。そう思っていた方がいいですね。

そんなことを考えると、実は学校が一番幸せな環境なのかもしれません。風通しもいいし、突飛なデザインもさほどありません。大木があったとしてもちゃんと手入れされていますから。だからやっぱり、家に籠るより、学校に行ったほうが心身ともに健やかになるんだと思います。

　また、見通しのいい公園でもほとんど事件は起きません。その土地が持ついい空気感みたいなものが、うまく平和を保っているのかもしれないですね。

2、映画化された昭和の未解決事件

私は警察モノの小説を読むのが好きなので、よく本屋さんに行くんですが、ここのところ昭和の未解決事件を題材にした小説が増えているように思います。今年1月から放送されていたドラマ「テセウスの船」にも、様々な事件の要素がちりばめられていました。

小栗旬と星野源が初共演する今年公開予定の映画「罪の声」は、グリコ・森永事件をモチーフにしたもの。昭和最大の未解決事件を追う特別企画班に選ばれた新聞記者・阿久津役の小栗旬と、京都で父から継いだテーラーを営む曽根役の星野源が出会い大きな決断へと向かうストーリーです。

ある時、父の遺品を整理していた曽根は、引き出しの中にカセットテープを見つけます。そして、「子供の声」と書かれたそのテープに吹き込まれている声が、幼い頃の自分の声だと気づくのです。

実はそれは、事件で犯行グループが使用した脅迫テープとまったく同じ声。その後、もしかしたら父親が事件に関与しているかもしれないと思い、調べていくところから物語は始まります。

塩田武士のベストセラー小説の映画化ですが、子供の声に焦点を当てた面白い作品だと思います。

3、少年犯罪の取材で考えさせられたこと

もちろん事件を起こした本人が一番悪いんですが、少年犯罪の場合は育った環境や、親の影響もかなり大きいと思っています。

家に居場所がなかったり、存在を否定されたり、虐げられたり、無視されたり。親からするとなんでもないことが、子供には大きな傷になることがあり、それが犯罪の根っこになっている場合も多々あります。

その傷がどんどん身体を蝕み、なにかのタイミングで爆発してしまう。だからこそ、私はそんな歪んだ親子の闇が潜んでいることに、もっと目を向けるべきだと思っているのです。

小さい子の虐待事件を取材すると、たとえ親に階段から突き落とされたとしても、大抵の子供は自分で落ちてケガをしたっていうんです。どんな親でも、子供は親が大好きなんです。どんな親でもいないと困るという自己防衛本能が働くんです。だから、

捨てられないよう我慢する。子供がどれほど親を愛しているかということを知れば、本当は虐待なんてできないと思うのです。

動物も人間も、本来母親には母性愛があります。ヌーという動物は、集団で川沿いを移動するんですが、母親は途中で子供がはぐれたりしても戻ってくるまでずっと待っているんです。集団行動なので、列から離れると自分自身も大変なんですが、じっと待つんです。

人間の中には本来あるべき母性がない、または少ない女性もいるし、父性愛が強い男性もいます。男性が女性化したり、女性が男性化したりと、今は性というものに対しての認識もずいぶん変わってきました。

人間は、動物と違って進化するにつれ、ややこしい生き物になります。だからこそ、愛情にも努力が必要になってくるんだと思うのです。

ワイドショー事件簿

これまで、すべての事件に
全身全霊で向き合ってきましたが、
多くの事件を取材するなかでも
特に忘れられない事件があります。
ここでは、私が携わった
昭和史に残る事件を振り返ります。

ワイドショー事件簿①

宮崎勤事件

4人の幼女を誘拐、殺害した東京・埼玉連続幼女誘拐殺人事件の被疑者として逮捕・起訴され死刑判決の末、2008年に刑死した宮崎勤。私は、一人目の女児が誘拐された時からこの事件を担当しました。

7歳の女の子の捜索中、フジテレビに犯人と名乗る男から電話が入ったんです。「女の子は俺が連れている。東海林さんに引き渡す」。そう言われ、急いで局に向かいました。

到着すると、スタッフルームのテーブルには逆探知装置があり、警視庁捜査一課特殊班のバリバリの刑事さんたちが待っていました。そこで、「女の子を東海林さんに返すって言っているんですが、東海林さんの代わりに婦人警官が電話にでますので」って言われたんです。でも、テレビを見て私を指名してきているんだから、声で別人だと気付くはず。私は刑事さんの申し出を振り切り、逆探知電話にでました。

身代金の受け渡し場所が変わるたびに、犯人と真剣にやりとりしましたが、最後にかかってきた電話の向こうで「グエッ」と変な声がしたんです。私が電話している4時間くらいの間に、警察が犯人の家を特定。家に潜入し、電話中の男の手にしっかり手錠をかけたのです。でも、その犯人は実はただの愉快犯だったのです。

その後、フジテレビに犯人の弁護士がきて示談を申し出されました。当時の部長は、私の身を案じ、示談に応じた方がいいのでは、と言ってくれたんですが、その頃、正義感に燃えていた私は、東京地裁に上申書を提出したんです。「幼女がいなくなって心配している時に、それをかたってお金を要求するなんて断固許せません。拘置所に入って十分に反省してください」と。

その後、拘置所から「許してください」という内容の誤字脱字だらけの手紙が届いた時は、心から更生して欲しいと思いましたね。

宮崎勤は4人の少女を殺害。5人目の犯行に及んだ際、現行犯で逮捕されました。

最高裁での争点となったのが、多重人格と犯罪責任能力の有無。結局は棄却され死刑が確定されたんですが、そんな精神状態になったのには、宮崎の生い立ちも関係していたんです。

宮崎は、生まれつき両手の掌を上に向けられないという障がいをもっていました。そのことに気づかない父親を恨んでいたため、父子の関係は極めて希薄。唯一の心の拠り所だった祖父が亡くなった際には、ショックのあまり、火葬場で祖父の骨を食べてしまったのです。そして、その2か月後、最初の事件を起こしてしまうのです。

手が不自由だというコンプレックス、父親との関係、祖父の溺愛、引き籠り生活など、様々な原因が生んだシリアルキラー（連続殺人犯）。昭和の犯罪史上極めて残虐な宮崎事件は、事件が動くたびに必死で現場を走り回った緊張感とともに、私のリポーター人生においても忘れられない事件のひとつです。

ワイドショー事件簿②

一柳《いちりゅう》展也《のぶや》金属バット両親殺人事件

ワイドショーの事件リポーターになってから初めて、もっと深く取材したいという気持ちになったのが、一柳展也の金属バット両親殺人事件でした。とにかく強く印象に残った事件です。

とても性格のいい男の子が勉強ができないばっかりに、両親を殺害してしまうという学歴社会の闇が生んだ悲しい事件でした。父親は東大、母親は東京女子大、兄は早稲田理工学部卒業という完ぺきな高学歴一家。兄は大手企業に就職しましたが、次男の展也は、両親から東大、早稲田、慶應以外にいくことを許してもらえず二浪中でした。受験のプレッシャーから勉強も手につかず、ぼんやり過ごす日々。

そんなある日、酔っ払って帰宅した父親が二階にある展也の部屋へ行くと、そこで見たのはウイスキーをラッパ飲みするだらしない息子の姿だったのです。父親は怒って椅子を蹴り、その拍子に展也は激しく倒れてしまいます。もしかしたら、この瞬間に殺意が生まれたのかもしれません。

この時、三浪するかもしれないという展也の不安を掻き立てるような父親の言動が、越えてはいけない一線を越えてしまったのでしょう。深夜になるのを待って、部屋から持ち出した金属バットで寝ている両親の頭を何度も何度も殴って殺害してしまったのです。

さらに殺害後、「お母さん、7時になったら起こして」というメモを食卓に残す偽装工作をした展也は、近所に助けを求め、強盗に襲われたと証言したのです。

事件現場は川崎の新興住宅地。スタッフと私は、警察の規制線が張られる前に到着したので、近づいて家の様子をみることができました。家は大きな一軒家。一階のガレージの上の部屋で鑑識が作業をしていたんですが、その部屋にかかっていた水玉模様が妙に気になり、近づいてみると、なんとそれは一面に飛び散った血痕だったのです。

犯罪者となった展也は、色白でぽっちゃりしたおとなしそうな子でした。隣家で家庭教師をやってもらっていた少年は、「優しいお兄ちゃんです」と証言しています。

おそらく小さい頃は、裕福な家庭で幸せに暮らしていたんでしょう。それが、受験の失敗による劣等感で精神が徐々に壊れていき、あの夜、完全に崩壊してしまったのかもしれません。裁判の初公判で別人のようにやせ細った展也の姿を見た瞬間、拘置所で自分がやってしまった罪の重さにずっと苦しんでいたのだろうということが、ひしひしと伝わってきました。

当時よりは大分薄れてきましたが、今もまだ学歴の価値観に縛られている親はたくさんいると思います。

唯一の救いは、子供たちの将来の選択肢が増えたこと。美容師、警察官、料理人、ユーチューバー。偏差値第一主義の頃からは考えられないほど、今は自由になった気がします。そう考えると、一柳展也の事件は、まさに時代が生んだ惨劇だったといえるのです。

私自身も、この事件の生々しさを間近で見られたことで、とにかく現場には早く着いて、誰よりも早く何かを見つけるんだという気持ちが高まりました。事件は踏み込んでみないとわからない。この事件をきっかけに、50歳の私は、リポーターとして生きる覚悟を決めたのです。

ワイドショー事件簿③

女子高生コンクリート詰め殺人事件

一柳展也の事件あたりから、急激に少年事件が増え続けてきました。1988年（昭和63年）に発生した足立区綾瀬の女子高生コンクリート詰め殺人事件は、残忍で凶悪な少年犯罪として世間に大きな衝撃を与えたのです。

埼玉県三郷市の路上で、不良グループが当時17歳の女子高生を拉致。女子高生は、約40日間にわたり、グループのたまり場だった綾瀬の加害者宅の二階に監禁され、4人による集団リンチを受け死亡。遺体をコンクリート詰めされ、東京湾近くの空き地に遺棄されたのです。

女子高生を監禁していたのは、仲間の一人の自宅。二階で激しく暴行しているのに、その家の両親は全く気付かなかったと証言しています。彼らは二階に上がる雨どいをつたって部屋に入っていったようですが、気づかないものでしょうか。

取り調べでわかったことですが、体が大きく威圧感のあるリーダーの命令に従い、「なんてったってアイドル」を歌いながら、女子高生を鉄アレイで殴っていたのだそうです。そのあまりのおぞましさに、今でもゾッとします。

綾瀬の街は、あれからすっかり整備され、今はずいぶんキレイな街になりました。環境のいい街では犯罪は起きにくいもの。あのような残虐な事件が二度と起きないことを願うばかりです。

ワイドショー事件簿④

藤間静波　藤沢母娘殺人事件

これは、事件リポーターとして本腰を入れ始めた頃に取材した事件なので、今でも鮮明に覚えています。

中学を卒業後、就職しても長続きせず、窃盗やひったくりを繰り返し、少年院を出たり入ったりしていた藤間が、ある日、少年院で知り合った少年Aとともに新聞の集金を装い、藤沢市の会社員宅を訪問。その家の長女に遠ざけられた恨みをはらすため、奥さんと長女と次女の3人を牛刀でメッタ刺しにして殺害したという事件です。

藤間は、事件の半年前、道で定期券を拾ったことから、長女に一目ぼれ。それをきっかけに付き合うようになりましたが、藤間の性格に嫌気がさした長女は、やがて藤間を遠ざけるようになります。なんとか交際を続けたい藤間は、執拗に自宅に押しかけますが、長女の両親が警察を呼び追い返されてしまうんです。そのことを恨んだ藤間は、復讐を計画。少年院仲間と自宅で二人で殺す練習をしながら、その日を待っていたんです。

この取材で、私はどうしても藤間の母親に話を聞きたいという衝動にかられ、上司を説得しインタビューすることにしたんです。藤間の家は、普通の日本家屋でしたが、玄関前には草がぼうぼうと生え、庭には壊れた鉄のブランコがありました。最初に行った時は、有無も言わさずピシャリと断られました。でも、そこで諦めるわけにはいきません。その後も、何度も何度も尋ね、ようやくカメラなしでのインタビューを受けてくれることになったんです。

家に入ってすぐに目に飛び込んだのが、たくさんの文学書が並ぶ本棚。まずは詫びてくるのかと思っていたんですが、その母親の第一声は「私、小説読むのが好きなんです」だったんです。そして、「今日、息子が自供しました。褒めてやりたい」と続けたんです。その瞬間、すべてが明らかになった気がしました。

小さい頃から粗暴な性格だったにもかかわらず、母親は常に藤間をかばい、溺愛してきたといいます。しかし、妹が生まれると、その愛情は出来のいい妹へと移り、藤間は家庭で疎んじられるようになります。そして、どんどん荒れていく息子を、母親は見て見ぬふりしていたんだと思います。

その時にみせてもらったアルバムを捲ると、小さい頃はデパートの屋上でコーヒーカップに乗っている幸せそうな写真がいくつもあったんですが、捲っていくうちに藤間の写真がパタッとなくなったんです。そこからの写真はほとんどが妹のものばかり。ところが、アルバムの最後のページに藤間の写真があったのです。わざわざ大きく引き伸ばしたその写真は、特攻服を着てバイクに跨りピースする藤間の姿。その写真を引き伸ばす母親の感覚に強い違和感を覚えた私は、その後も交渉を続け、ついに母親のインタビューを撮らせてもらえることになったんです。「なんで、こんな人間に育ったのか」ということを母親に直接聞いてみたかったのです。

撮影は、何故かは覚えていませんが海岸で行われました。太陽光線に当たれない病気だからと、オシャレな麦わら帽子を被って現れた母親は、そこでうなだれる様子もなく取材に応じてくれたのです。

この放送に関しては賛否両論ありました。一般人の場合、加害者の親のインタビューが放送されること自体が前代未聞のことでしたが、私はインタビューしたことをまったく後悔してません。ただ、加害者の母親がオシャレに映っていたことについては、いくら本人の希望だったとはいえ、反感を買っても仕方がなかったと思っています。

なんで、こんなにも凶悪な事件を起こすことになったのか。それを知るために強行した母親のインタビューでしたが、結局そこから息子への愛情は欠片も感じることができませんでした。

藤間は、死刑判決を言い渡された時、最後に暴力団幹部の名前を挙げ、傍聴席にVサインを送りました。2007年（平成19年）、12月7日死刑執行。享年47歳でした。

ワイドショー事件簿⑤ >> 阪神淡路大震災

これまで多くの事件を取材してきましたが、リポーター人生の幕を閉じるきっかけになったのが、阪神淡路大震災の取材でした。

地震発生当日、現地入りした私を待っていたのは想像を絶する光景でした。ところどころに火の手があがり、取り残されたようにやっと建っているビルは、いつ倒壊してもおかしくない状態。どこから取材を始めていいのかの判断さえつかず、その場に立ちすくんでしまいました。

取材当初は、マイクを向けても応えてくれる人など一人もいませんでしたが、スタッフとともに昼夜問わず走り回っているうちに、ようやく被災した方々の声を伝えることができたのです。

中でも忘れられないのが、この本の冒

瓦礫の中から奇跡的に
救出された男の子に
ついて記した書籍

頭にも書いた「しんちゃん」との出会いです。完全に倒壊した7階建てマンションの瓦礫の山に生き埋めにされた9歳の男の子しんちゃん。私たちは、しんちゃんが瓦礫から救出される感動的な瞬間を生中継することができたのです。

しかしその一方では、果てしない瓦礫の山の中でひたすら救出を待つ人々やその傍らで棺が行き交う姿を目の当たりにし、この現状を果たしてどこまでくまなく伝えることができるだろうか、というテレビの限界にも苛まれました。そして、どんな言葉を添えようとも、この惨事をすべて伝えることはできないのだ、そう気づかされたのです。

日航ジャンボ機墜落やホテルニューオータニ火災といった大事故、誘拐、殺人など数々の事件、そして甚大な被害をもたらす災害。振り返ると、私は仕事を通し、この世で起きてきたあらゆることをすべて見てきたような錯覚を覚えます。

どの事件にも、その都度真摯に向き合ってきましたが、阪神淡路大震災の取材で受けた喪失感は、これまで経験したことのないものでした。そして、これ以上悲惨なことに出会うことはないだろうという思いなどから、私はこの取材を最後に長いリポーター人生に一区切りをつけたのです。

阪神淡路大震災の現場

第九章

「ロックの母の現場から」

1、ロックの母になるきっかけはラジオ番組でした

ニッポン放送時代、いろんな選曲をしているうちに洋楽と出会い、エルビス・プレスリーのファンになりました。こう見えてロックファン歴は意外に長いんです。

実は私には、〝現場の東海林〟とは別に、〝ロックの母〟なる肩書があります。そう呼ばれるようになったのは、60代半ばで出会ったあるバンドとの出会いがきっかけでした。

フジテレビの「おはよう！ナイスデイ」のリポーターをしていた頃、番組の放送作家の赤沢奈穂子さんに声をかけられＸ　ＪＡＰＡＮのボーカルｔｏｓｈｌさんのラジオ番組にゲスト出演したことがあります。初めて会ったｔｏｓｈｌさんはとても行儀がよくて優しい人だったのが印象的でした。

この時私は、事前にＸ　ＪＡＰＡＮのＣＤを買い、２曲ほど暗記していったので、彼らの代表曲である「ＥＮＤＬＥＳＳ　ＲＡＩＮ」をリクエストしました。ｔｏｓｈ lさんに「よく知ってますね」って言われ、にわか仕込みとも言えず「もちろん知ってますよ」で通したのを覚えています。

ところが、二曲目のリクエストで覚えたはずのもう一曲がすっ飛んじゃって、プレスリーでもストーンズでもなく、なぜか高峰三枝子さんの「湖畔の宿」をリクエストしちゃったんです。普通なら場違いな選曲なんですが、顔色ひとつ変えずにかけてくれたtoshlさんの対応には本当に感動しました。

そして、トークを進めるうち、すでに多くのファンがいること、1年間ライブをしないでファンを待たせていることなど、実は凄いバンドだということを知り、無性にライブを観てみたくなったんです。

初めて観たのは、日本武道館でのライブ。静かでキレイな曲があるかと思えば、ものすごく激しい曲もある。そこに来ているファンの熱気も半端ない。そのライブで私はすっかりX JAPANの虜になったのです。

2、イエスの法則で切り拓いた新たな人生

Ｘ　ＪＡＰＡＮのライブに衝撃を受けた私は、この人たちをテレビで紹介したいと思い始め、ｔｏｓｈｌさんのラジオ番組に連れて行ってくれた放送作家の赤沢さんと一緒に「おはよう！ナイスデイ」のプロデューサーに売り込みに行ったんです。

当時はネット検索もない時代でしたから、一部のファンの間では盛り上がっていても大多数の人はＸ　ＪＡＰＡＮを知らない。当然、全曜日に断られました。

ところが、どうみても一番ロックに無縁そうなプロデューサーが、一回だけなら、という約束で取材許可をだしてくれたんです。そして、夏休み企画として20分間のＸ　ＪＡＰＡＮ特集を放送したんですが、その反響が予想以上に凄かったのです。

番組終了後、スタッフルームには感謝の電話が鳴りやまず。その後も「お母さんから、東海林さんが薦めるならライブにいってもいいといわれました」など、感謝の手紙が段ボールで何箱も届いたのです。

以来、一回だけの約束は無効になり、夏休みや冬休みなど長期休みのたびにＸ　ＪＡＰＡＮ特集を放送。ついには、ロサンゼルスにまで取材に行きました。

今では、ロックバンドも当たり前のようにワイドショーに出ていますが、当時は、ロックバンドをだそうという発想すらなかったのです。だから、全国区のワイドショーに朝っぱらからロックバンドを出すというのはものすごく画期的なこと。しかも、赤や金色のド派手なヘアメイクのバンドが出るなど、ありえないことだったのです。

思えば、ｔｏｓｈｌさんのラジオに声をかけられた時も知らないからと断らず、イエスといったことで私の新たな人生が始まりました。

事件の取材依頼も、深く考えずにまずは受けてみる。この「イエスの法則」で私は自分の人生をどんどん切り拓いてきたと思っています。

3、バンド好きは何歳になってもやめられない

Ｘ　ＪＡＰＡＮとの出会いは、私を次なるステップへと導いてくれました。ニッポン放送のアナウンサー、ワイドショーリポーターに次ぐ第三の波。そう、「ロック人生」がここから始まったのです。

Ｘ　ＪＡＰＡＮ特集の成功以来、ロックバンド特集は「おはよう！ナイスデイ」の名物企画になりました。その後も、ＬＵＮＡ　ＳＥＡやＳＨＡＺＮＡ、Ｌａ，ｃｒｙｍａ　Ｃｈｒｉｓｔｉなど、いろんなバンドを特集。そうこうしているうちに、テレビ朝日の「Ｂｒｅａｋ　Ｏｕｔ」というインディーズバンドを紹介する深夜番組からもお声がかかったんです。

そこでは、当時ＧＡＣＫＴがやっていたバンドを取材したり、ｈｉｄｅにゲスト出演してもらったり、本当に楽しく仕事をさせて頂きました。

テレビで有名になるとかそういうことじゃなく、無名でもいいバンドってたくさん

いるんですよ。そういうバンドの存在を知ってからは、マメにライブハウスにも行くようになりました。

ローリング・ストーンズみたいに、70過ぎても現役ってかっこいいじゃないですか。日本にも、人気は落ちたとしても、好きな音楽を続けている熟練ミュージシャンがたくさんいるんです。そういうミュージシャンのライブに行くと、いつまでも応援し続けているファンが絶間なくいることに胸が熱くなりますね。

テレビ朝日の番組を担当していた当時に親しくしていたバンドは、ほとんどが解散しているんですが、今でも個々に活動を続けているアーティストも結構いるんです。

その一人がMIYAVI。ギターの技術もさることながら、とにかくかっこいい。ライブに行くと優しくハグしてくれるんですが、もうその

名ギタリストMIYAVIと

たびにキュンキュンしちゃうんです。

また、「おはよう!ナイスデイ」のX　JAPANの取材でロサンゼルスに行った時のときめきも忘れられない思い出です。なんとメンバーにサプライズで誕生日を祝ってもらったんです。同行した放送作家の赤沢さんも誕生日が近かったので、二人の名前が入った特大ケーキと大きな花束を頂きました。その花束は今でもドライフラワーにして大切に飾ってあります。

Ｘ ＪＡＰＡＮのｈｉｄｅさんと。
いつも気遣いのある優しい人だった

第十章

「病いの現場から」

1、私の健康法

晴れた日は、必ず太陽の光を両手いっぱいに受けることから一日が始まります。ある日突然、やりたくなったんですが、今日一日もやれるって思えて、とても気持ちいいんです。

私は、小さなノートに気になったことをちょこちょこメモしているんですが、そこにTODOリストも書いています。必ず書いている項目は、昼寝、ウォーキング、足湯。この3つは、免疫力を上げるために毎日欠かさずやっています。

足湯は日課ですが、実はお風呂にはあまり浸かりません。お風呂って、お湯を張るのも洗うのも面倒くさいじゃないですか。私の歳になると、またいで入る行為も一苦労。お風呂場で転ぶ老人が多いのもうなずけます。

周りからは、お風呂に入ると体が楽になるわよと言われるんですが、面倒くさいし、テレビドラマもみたいしで、今日はいいや、ってなる。最近はシャワーもあまり浴びません。浴びる時も、垢すりでゴシゴシとは洗わない。娘とかには汚いって言われますが、もうね、86歳にもなるとそんなに汗もかかないし、体も匂わないもんなんですよね。

基本的なルーティンは決めていますが、TODOリストの後半はゲームのように毎日変わります。2年前頃からつけているノートを読み返すと、後ろの方にその時々にいいと思った健康法も書いてありました。

現在の健康法は太陽を浴びること。根はやっぱり健康オタクなんです。そうなったのには、ずっとフリーランスだということが根底にあるんだと思います。自分の身は自分で守らないといけませんからね。

ワイドショーのリポーター時代、ある若くて可愛いリポーターが風邪で休んだ時、当時のプロデューサーに「しかし、東海林さんは元気ですね」って厭味ったらしく言われたことがあります。その時はなんだか無性に腹が立ちましたね。

時間が戻るものなら、そのプロデューサーにフリーランスにとっては健康を保つのも大事な仕事のひとつなんですよ、って言ってやりたいほどです。

2、数値なんてあてにならない

今、毎日飲んでいるのはカルシウムと乳酸菌とたまにプロテインだけ。免疫力と筋力を上げるために飲んでいます。

薬は飲まない。自治体がやっている無料の健康診断にも行っていません。無料だから行っておこうとも思いませんし、ましてや受けて、その時だけの数値に左右されたくないからです。

歳をとっているので、とりあえず家に血圧計は置いてあります。血圧は高くもなく低くもなく。特別上がることもありません。ところが、病院で測るととんでもないことになってしまうんです。

私はほとんど病院に行かないので、白衣をみると血圧が上がっちゃう白衣ドキドキ症なんです。夫が亡くなったあと、一時的に栄養失調みたいになったので病院に行ったんですが、血圧を測ったら180もあったんです。普段は130ぐらいなのでギョッとしましたが、白衣をみるとグングン上がっちゃうんですよね。

腕を折って救急車で日赤病院に運ばれた時も、看護師さんに血圧が測れませんって言われ、30分くらい時間をおいてから、ようやくちゃんと測れたんです。病院＝嫌な場所という図式が脳にインプットされているから、容赦なく上がっちゃうんですね。

昔は血圧が180くらいあっても、薬を飲まずに暮らしている人って結構いたんですよ。160なんて気にもとめなかったんじゃないかな。ところが、今は130を超えたら危険信号なんていわれて、基準ラインがすごく低くなったじゃないですか。

140なんて、私からするとまったく普通なのに、血圧高めにされちゃう。そんな風に数値に振り回されているうちに、血圧を上げないための生活が優先になって、拘束だらけのちっとも面白くない人生になっちゃうと思うんです。

数値だけで判断すると、白衣ドキドキ症の時の私は完全に高血圧。一生、血圧の薬を飲み続けなきゃいけなくなります。そんなのおかしいでしょ。だから、数値なんかにとらわれず、多少高めなら高めで安定していることの方が大事だと思っています。

数値ばかりに頼ると、結局ストレスになっちゃうんですよね。ストレスは万病の元。毎日、鏡に映る自分の身体をチェックしたほうが、よっぽど確かだと思いますよ。

3、病気だと思うと病気になる

日本は病院に行っても行かなくても、健康保険料として3割分負担しなきゃならないじゃないですか。私みたいにほとんど病院に行かない人はわかってくれると思うけど、支払っても使わないから、なんか損した気分になるのよね。だから、例えば私のような人は、ご褒美をもらってもいいと思うんです。そうしたら、世の中の人がもっと元気になると思うのよね。

そもそも病気って、自分が作るものだと思ってるんです。私は幼い頃から股関節がちょっと変形しているんですが、痛くない時もあるからと、あまり深刻に考えてきませんでした。もし私が不安症な人間だったら、悲観的に捉えてずっと通院していたかもしれないし、リポーターなんてハードな仕事にはついてなかったと思います。

小さい頃は中耳炎にかかったりもしましたが、水泳を始めてからはそれもなくなり、出産の時以外は入院したこともない。有難いことに病気とは無縁の生活をしてきました。こんな感じで、ますます病院に行かなくなると、今度は病院に行くこと自体に嫌悪感をもつようになるんです。もし、病気が見つかったら薬を服用したり、通院しなきゃいけなくなる。そうすると、仕事や生活に支障が出る。そして、イライラして落ち込む。しまいには、私は病気なんだという不安を持ちながらの生活になる。そんな暗い生き方したくないんです。

薬を飲み続けると、どんどん体温が低くなっていくと聞いたことがあります。低体温は病気を引き寄せる原因にもなりますから、もしそうだとしたら、薬の服用は一長一短だと思うんです。私は昔から殆ど薬も飲まないので、体温も正常値。基本的に病気は自分で治すものだと思っています。

それと、ちょっとしたことですぐ病院に行く人って、極論をいうと暇だと思うんですよね。忙しいと病気する暇もない。少しばかり体調がすぐれなくても仕事しているうちに忘れちゃうものなんです。結局、考える時間があるからちょっとした不調でも不安になっちゃうんですよね。

病院は、主に具合が悪い人が行くところ。そういった負のオーラが集まる場所にはなるべく近寄りたくないと思っています。

4、更年期障害だと思ったのは一度だけですね

更年期障害だと思ったのは、53、4歳の頃だったと思います。ある事件の取材中、急に暑くなり滝のように汗が流れたんです。その時、同行した若いリポーターに「東海林さん、更年期障害じゃないですか」って言われたんですが、その症状が出たのは、その時一回きり。あとは、なにごともなく更年期を終えました。

更年期というのは期間の名称なので、その期間になんらかの障害が出る人もいれば出ない人もいるわけです。それは思春期も同じ。思春期障害という言葉はありませんが、親に反抗したり、意味もなくイラついたりするのと一緒だと思うんです。すべてはホルモンの変化によるもの。思春期はホルモンの増加、更年期はホルモンの減少が原因なんですから。

そんな風に人生の通過点と捉えると、更年期も大したことなく思えてきませんか。

私など、仕事に夢中になりすぎて気づかなかったほどでしたから。更年期だからなにか障害が出るはず、と心配していると、おそらく更年期障害に悩まされるんです。いわゆる自己暗示ですね。不安な気持ちが病気を作ってしまうんです。

5、丈夫に生きるためには雑菌も必要なのよ

新型コロナウィルスと闘っている今は特例ですが、常日頃から日本って清潔すぎると思ってるんです。外国に行くと実感するんですが、泥みたいなところで平気で泳いだり、トイレなんかも全然きれいじゃない。

そんな悪環境でも病気せずに暮らしているのをみると、日本は抗菌しすぎて、逆に抵抗力が下がっているような気がするんです。

以前、京都の東光寺というお寺に行った時、精進料理を作ってくれるというので、お坊さんと一緒に畑に野菜を採りに行ったことがあります。抜いてきた牛蒡や人参はシャーっと簡単に水洗いしただけ。「えっ、そんなんでいいんですか」と聞くと、お坊さんは「土も栄養なんだよ。きれいになるまで洗ったらなんにもならない」と。

そのお坊さんの言葉が妙に心に沁みたので、私もそれ以来、じゃがいもも人参も牛蒡も皮を剥かなくなりました。近年は、皮と実の間に一番栄養があるということもわ

かったので、精進料理というのは昔からずっと正しいことをしてきたんだと、この時実感しました。

九州大学の先生も同じようなことを言っていました。「日本人はボールペンまで抗菌にするからダメなんだ。子供がこぼしたご飯なんかもすぐに拾えば食べられるんだよ。昔から３秒ルールなんて言葉があったでしょ。３秒どころか30秒以内なら全然大丈夫なんだよ」って。

確かに、パッと拾えば雑菌もつかなそうだし、もっといえば、昔はほとんどの子供が、落としたお菓子なんかを「ふっふ」ってやってそのまま食べていましたが、今よりずっと丈夫な子が多かった気がします。

6、不安な気持ちは病気を招くだけ

ある脳外科医からとても興味深い話を聞きました。先生曰く、心が病むというのは間違いで、本当は脳が病んでいるのだと。鬱病も心の病ではなく脳の病いだというんです。だから、脳に大丈夫だって言い聞かせると、大丈夫になる。脳をいい方向に騙すことが大切なんです。

子供が小さい頃は、親は子供のちょっとした変化に敏感ですよね。でも心配し過ぎると、その心配が子供に伝わり、ついには親が心配する病気になってしまうというケースもあるそうです。

まさに病いは気から。つまりは、病気になるのも健康になるのも、脳の指令次第だということです。最終的には、自分の思うように脳をコントロールできたら、もう完璧というわけです。

余談ですが、最近ある脳外科医とこんな話をしました。歳をとるとよくあることなんですが、普通に歩いている時、急にふらっとなったりするんです。対処法を自分なりに調べていたら、小脳の発達の遅れが原因の可能性があると書かれていたので、均衡をとるために独自に考えた指の運動を始めたんです。

そのことを脳外科医に話したところ、「やるのは構わないけど、そんなことより筋肉を鍛えることの方が先決だ」と。いくら小脳を鍛えても、筋肉が衰えたらなんにもならないって言われたんです。それで、すぐに指の運動はやめましたね。結局ふらつきも、先生が言うように、小脳ではなく、筋肉の衰えが原因だったんです。てっきり病気だと思い込んでいたので、気持ちがスッと楽になりました。

60代からは、いかに健康で過ごすかっていうことが人生の大きな課題になってきます。だから、いいと思うことはなんでもやってみる。先生にも無駄なことはないって言われたので、これからも、たくさん考え、たくさん行動していきたいと思っています。

7、食べたくなかったら食べなきゃいいんです

うちは共働きだったので、子供たちにはなるべく学校に行ってほしいわけですよ。だから、朝、子供にお腹が痛いとかっていわれても、「行けば治る」といって送り出していたんです。実際、ケロッとして帰ってくるから、子供のいうことはすべて鵜呑みにしない方がいいんですよね。

最近は、登校したくないなら無理に行かせなくていいという風潮ですが、学校って得手不得手、向き不向きで決めるところなんでしょうか。

以前、ある小学校でそんなことをテーマに講演したことがあるんですが、その時、校長先生に「東海林さん、それはダメです。具合が悪かったら学校へよこさないでほしいんです」と言われたんです。ちょっとしたことで親がすぐにクレームをだす時代だから、学校側としても面倒だし、責任を取りたくないんでしょうね。

また、こんなこともありました。ある日、近所の公園で幼稚園児のお母さんから相

談を受けたんです。「うちの子、お弁当をちゃんと食べてくれないんです」と。神経質そうなお母さんだったので、「お腹が空いたら食べるから気にしないほうがいいですよ」と答えました。人も動物ですから、食べないと生きていけない。シンプルに物事を考えれば、自ずと答えが見つかると思うのです。今って、単純なことでも変にこねくり回して複雑に考える人が多すぎるんですよね。

そもそも現代人は、過食気味なんですから、一食や二食食べなくても大丈夫。お弁当を食べなくても、朝夕をちゃんと食べていれば問題ないと思うんです。無理矢理食べさせて好き嫌いを増やすよりよっぽどマシだと思いませんか。それでもお弁当に固執するなら、あとは量を減らすしかありませんね。

8、お金をかけてキレイになっても所詮薄っぺらいのよ

ここのところ、歳をとってもキレイだとか、年齢よりずっと若く見えるなど、アンチエイジングにこだわる女性が増えましたよね。

女性なら誰しも美しくありたいと思うのはわかりますが、50代や60代が美魔女なんてやってちゃダメだと思うんです。

キレイな服に身を包み、美しさを保つために温浴マッサージをしたり、美容器具をフル稼働させたり、エステにジムにネイルにと、お金も時間も美容にばかり使っている人をみると、無駄な時間を過ごしているなと思うんです。もちろん、キレイに越したことはないけれど、じゃキレイならばそれでいいのかって。キレイでいることが究極の目標じゃないと言いたいんです。

ダンナさんの稼ぎがよくて、溢れるほどお金があって、お手伝いさんもいるような人は、美容活動も暇つぶしの一環かもしれませんが、それが度を超して美容整形に走っ

たりするのは違うと思うんです。

顔が変わったからといって、中身まで変わるわけじゃない。自分しか見えないうちは、いくらキレイになっても薄っぺらいんですよ。

以前、美容家のＫＡＺＫＩ先生がこんなことを言っていました。イギリスでは、もう美容整形そのものが古い。ありのままが美しいという流れになってきているというのです。顔をいじることは、もはや時代遅れなのかもしれません。

見た目もある程度は大切ですが、これからは、女性も男性のように味わい深い顔になってもいいと思うんです。自分がどう生きてきたかを反芻して、そのひとつひとつの経験にプラスポイントをつけてあげれば、きっと内側からの美しさがにじみ出るはずです。

第十一章

「仕事の現場から」

1、答えは意外にかんたんなことなのかも

今なら、誰かに嫌がらせされても、強い信念で切り替えられると思いますが、若い頃は難しかったですね。だからこそ、私が経験したことを、職場の人間関係で悩んでいるたくさんの人に伝えたいと思っています。

フジテレビをやめたあと、いろんなところから講演会に呼んでもらうようになりました。経験は豊富な方だと思っていますから、時には人生相談に乗ることもあるんです。

例えば、「コンビニに勤めています。店長が、ろくに働かないのにAさんばかりえこひいきするのが嫌でたまりません」とか。それに対しては「Aさんのことは気にせずに、自分の仕事に集中するのが一番の解決策だと思う」と答えました。

誰かに言いつけても解決できないし、ましてや、贔屓している当事者の店長に言いつけても取り合ってくれるわけがない。だから、自分が一生懸命仕事できる方法を考

えるしかない。人のせいにしているうちは、そこから抜けられないんです。

そういえば、ラジオの人生相談で、思わず聴き入ってしまった興味深い相談がありました。「お母さんが嫌いなので、一人暮らしをしています。今、母はホームに入っていますが、息子なのでなにかあると呼び出されたり、亡くなった時のことをいろいろやらなきゃならない。血縁関係だけで責任を押し付けられてはたまりません」と、いかに母親が嫌な存在かということを電話で延々と話していたんです。

相談相手の先生は「縁を切りなさい。籍を抜きなさい。そしたら、もう一生その母親がどうなったって、あなたには連絡がこないから」と、答えたんです。すると、相談者もさらりと「あ、そういう方法があるんですね」って。こんなすごい回答、私には到底いえません。

相談者は、たぶん「こうしなさい」と、言い切って欲しかったんだと思うんです。どうしようもなくなった時の最終手段があることがわかって、心なしか声もスッキリしていたように感じました。

アドバイスを実践するかしないかは自分次第。最後に決めるのは自分しかいないのです。

2、講演会では魔法使いになっちゃうのよ

私の講演会にきてくれる人たちは中高年が多いので、元気になるような話をよくします。人気のテーマは「幸せに生きるために自分にかける魔法」。魔法っていうと、なんかすごくいい話が聞けるんじゃないかって思うでしょ。

内容は、元気になるためのことや健康になるためのこと、幸せになるための話など、様々な要素を入れています。それをコツとか秘訣とかじゃなく、魔法にかけるという言葉で話すんです。この方がなんとなくワクワクしませんか。

だから講演を始める前にはいつも、「私の話を全部聞くと、自分がどの魔法にかかったかがわかりますよ」っていうんです。聞く人によって、とらえ方は様々だから、私のどの言葉でどんな魔法にかかったかも人それぞれなんですよね。

基調講演
「幸せに生きるために
自分にかける魔法」
講師　キャスター・リポーター　東海林

3、自分で格言を作っちゃえばいいのよ

仕事と子育てを両立している時、シッターさんドタキャン事件で作ったのが今では私の座右の銘でもある「人生に絶体絶命はない」という格言でした。以来、私は事あるごとに自分流の格言を作っています。

ありがたいことに、これまでいろんな講演会にお招きいただいています。講演テーマはそれぞれですが、事件取材の話や私自身の人生についてなど多岐にわたっています。

ある時、とある湘南の方の高校で、私の格言の中でも特に大事にしている「人生に絶体絶命はない」というテーマで講演したことがあります。あー、もうダメだと思ったらおしまい。最後まで諦めなければなんとかなる、というような話を体験談を交えながら伝えました。

講演後、一人の男子生徒が私の元にきて「東海林さんが人生に絶体絶命はないと言ったので、ぼくもこれから幸せに生きていきます」って言ってくれたんです。あまりに素直な感想だったので、この子は将来なにか困難にぶつかっても、きっとこの言葉を

思い出して乗り越えられるはず。そう感じ、心からうれしくなりましたね。

格言っていうと、なんかお堅くて縛られるイメージがあるかもしれませんが、私にとっての格言は、その時々に大切だと感じた言葉のこと。それを忘れずにノートの隅や携帯電話にメモしておくことで、いつしか自分自身を支える力や道しるべになっているのです。

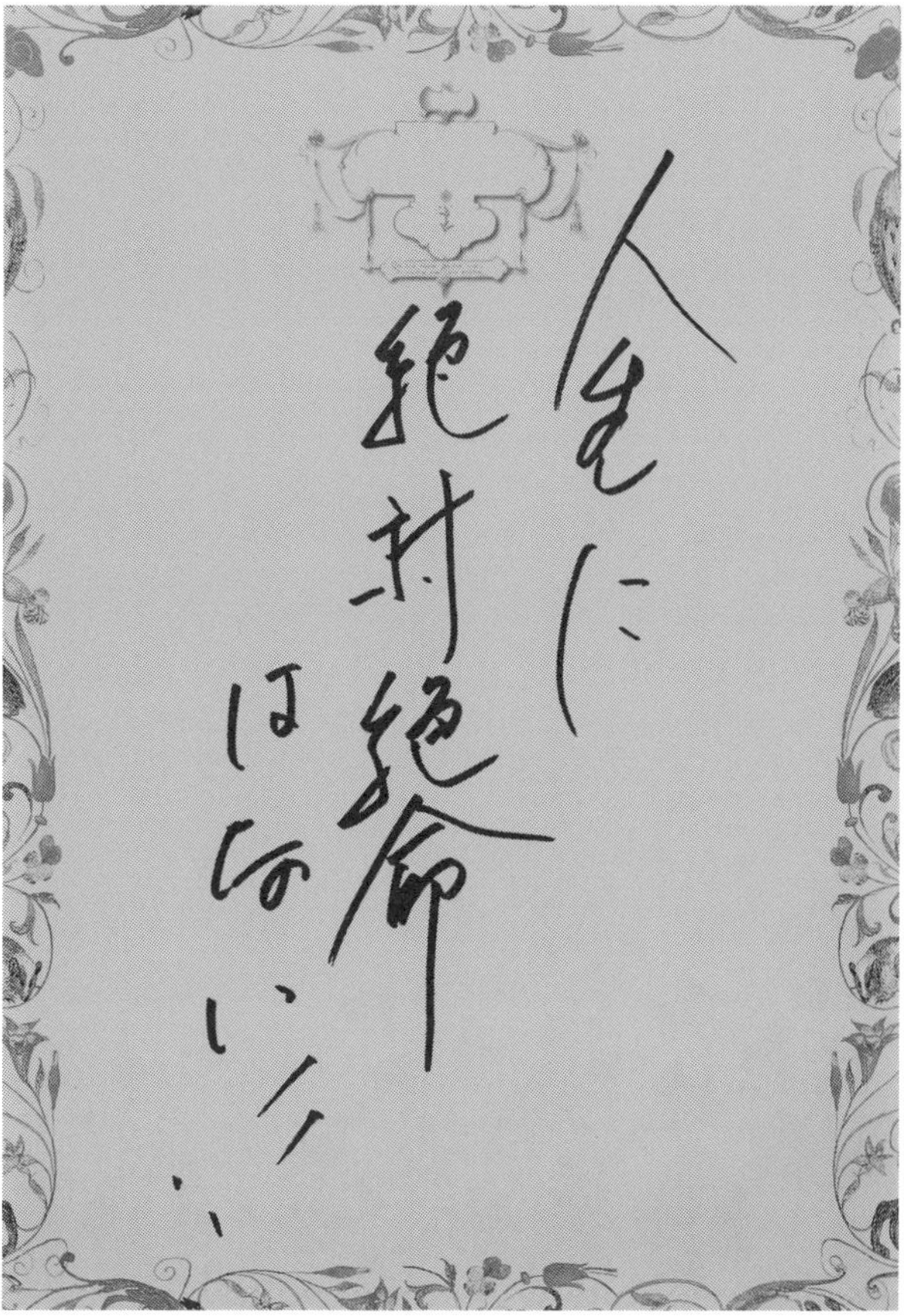

4、やっぱりラジオが好き

喋るのが大好きだし、ラジオ出身だから、今でもやっぱりラジオが一番好きです。ラジオって、話していることが聞き取りやすいし、スッと頭に入ってくるじゃないですか。

その点、テレビは映像と一緒だから、話の印象が薄れちゃうと思うんですよ。だから、ニュースに関しては、ラジオの方が断然分かりやすいと思っています。

私はラジオ全盛時代に仕事をさせて頂いていたので、時代とともにラジオを聴く人が減っていくことに憤りを感じます。ラジオもそんなに捨てたもんじゃないですよ。聴覚だけを使うから、掃除しながら、炊事しながら、編み物しながら、といった具合に〝ながら〟で聴ける。時間的にもとっても効率的なものだと思っています。

ただ、大勢で勝手にガチャガチャ喋っているような番組はいただけませんね。早口だと面白さも聞き取れない。だから、ラジオで喋る人数は２～３人が限度かなって思います。

そして一番の魅力は、なんといっても親近感。パーソナリティは、公の電波に向かって喋っているんだけど、聴いている方は自分に喋りかけてくれてる感じがするんですよね。その距離感がとっても心地いいんです。

私も昨年からラジオのレギュラー番組を始めました。ニッポン放送の人気アナウンサーだった斉藤安弘さんと二人で、「現場の東海林です。斉藤安弘アンコーです。」という番組をやっています。

ニッポン放送の先輩後輩という気心が知れた仲なので、毎回の収録が楽しくて仕方ない。アンコーさんの引き出しから次々に出てくる洋楽や映画の知識は、業界トップクラスだと思っています。私も大好きなロックの話なんかを自由に喋っているので、機会があったら是非聴いてくださいね。

ラジオ番組『現場の東海林です。
斉藤安弘アンコーです』の収録現場

5、現役ラジオパーソナリティの現場から

最後に、皆さんを私のライフワークであるラジオのレギュラー番組にお招きしたいと思います。パーソナリティは、私とニッポン放送の後輩であり、アナウンサー時代はカメ&アンコーとして「オールナイトニッポン」のパーソナリティも務めた斉藤安弘さん。

もしかしたら、現役では最年長コンビかもしれない東海林&アンコーのラジオ番組「現場の東海林です。斉藤安弘アンコーです」を読むラジオでお届けします。気になったら、是非ラジオでも聴いてくださいね。

「現場の東海林です。斉藤安弘アンコーです」

2020年5月22日放送回

※東海林のり子＝N、斉藤安弘＝A、曲＝M

N　現場の東海林です。

A　斉藤安弘、アンコーです。

N　現場の東海林です。私、マスク買いすぎちゃった。以上、現場から東海林のり子でした。

A　おまちどうさまでした。斉藤安弘、アンコーです。そうですか。たくさん買いすぎちゃったんですか。顔中マスクだらけ。ハハハ。想像するとおかしいです。それでは、今日も元気にはじめましょう。

N　現場の東海林です。の、東海林のり子です。

A　お元気ですか。斉藤安弘、アンコーです。本当にお元気ですか？って、言いたいくらいですね。この番組は、宮城TBCラジオ、KBS京都ラジオ、香川RNCラジオ、高知RKCラジオ、そして石川MROラジオ以上5局でお送りしてまいります。あのー、のり姐さん、お誕生日ですね。5月26日が。

N　そうなんです。

A　おめでとうございます。

N　ありがとうございます。あんまり嬉しくないですけどね。でもね、この頃どんどんどんどん歳とってね、はやく99歳とかになりたい。ハハハ。

A　えっ、99歳ですか！

N　歳を重ねるってことが、あんまり苦にならなくなった。この頃。なんか自分に頑張ってるね～って言いたいのよ。このままいくと、相当長く生きられると思う。

A　そうですね。そのために大事なことは、新型コロナウィルスにかかんないことですから。

N　それはもう、ほんとにね。慎重に家にいましたよ。それより聞きたいのは、あなたいつも収録の時に、必ず映画の試写会に行ってましたよね。あんなにたくさん行ってた試写会、今はどうなってんの？

A　なんにもありません。

N　あらーー。

A　全部。今だからなんにもありません。私、今年になって49本まで映画観たんです。そのあとゼロです。

N　だって、一日3本くらい観てたじゃない。

A　観てました。でも試写室が閉鎖ですから。

N　あ、そうか。そんなに広くないですからね。

A　でもね、東宝の試写室ってのはわりと大きいですよ。松竹もそうですけど。それがね、最後の方は一つおきに座ってやったんですが、それもダメになっちゃったんですよね。まあ、しょうがないですよね、しばらく辛抱で。

N　そうね。

A　でも早くこれが収束に向かってですね、そういう季節になったたって言いながらも大丈夫になるように願っていたいなって思います。

N　そうね。

A　それよりもなによりも、のり姐さんと早く面と向かってお話がしたいなって、そっちの気持ちの方が強いですね。

N　私、うちの方がいい。ハハハ。

A　あ、そうですか。ちょっとガッカリしながらメールをご紹介します。まずは、大分市のラジオネーム【りえまま】さんから頂きました。りえままさんは、言っちゃっていいかどうか・・61歳でいらっしゃいます。還暦をひとつ過ぎたお歳でいらっしゃいます。で、メールをご紹介しますね。
『東海林さん、アンコーさん、こんにちは。ラジオは毎週聴いておりましたが、メッセージしない間に、新型コロナウィルスのせいで日本中がえらいことになってしまいました。自粛生活をしながらマスク手作りをしています』。

N　あら、器用なんだ！

A　『ですから、東海林さんのリモート参加、まったく問題ないです』。

N　ほんと！　ありがとうございます。

A　で、りえままさんはですね。
『お二方は、マスク着用してトークされてるんですか？』ということです。

N　これがね、これ、三密にならないからマスクしないで喋ってるわね。

A　はい。私もマスクはしておりません。やっぱりね、マスクをするとちょっと喋りにくいんですよね。

N　ちょっとね。なんでしょう・・・お聴きになる方が聴き苦しいといけないと思って。

A　そうですね。このスタジオの中っていうのは広くありません。ですから、私一人でもって、コロナウィルスをね、こうハッハッと避けながら放送しております。
で、りえままさんですが、
『市販のマスクより手作りマスクの方が喋りにくくて窮屈という話をきいてます』
ということですが。

N　あー、そうか。

A　そういうこともあるかもしれませんね。『私は喘息もちなので、通年マスク族で平気ですけども、これから暑くなると慣れない方々はマスクをつけるのが辛いと思います。お二方も十分に気を付けて、いつの日かコロナ収束の日を待ちましょうね』。で、『がんばれけー』って書いてあります。

N　ハハハ、がんばれけー。いやさ、私、このりえまさんのメールをしっかり読んでなくて。冒頭でマスク買いすぎちゃったわって話しちゃってごめんなさい。

A　そうですね。でもね、豊かなことっていうのはですね、気持ちの上で余裕ができますから。

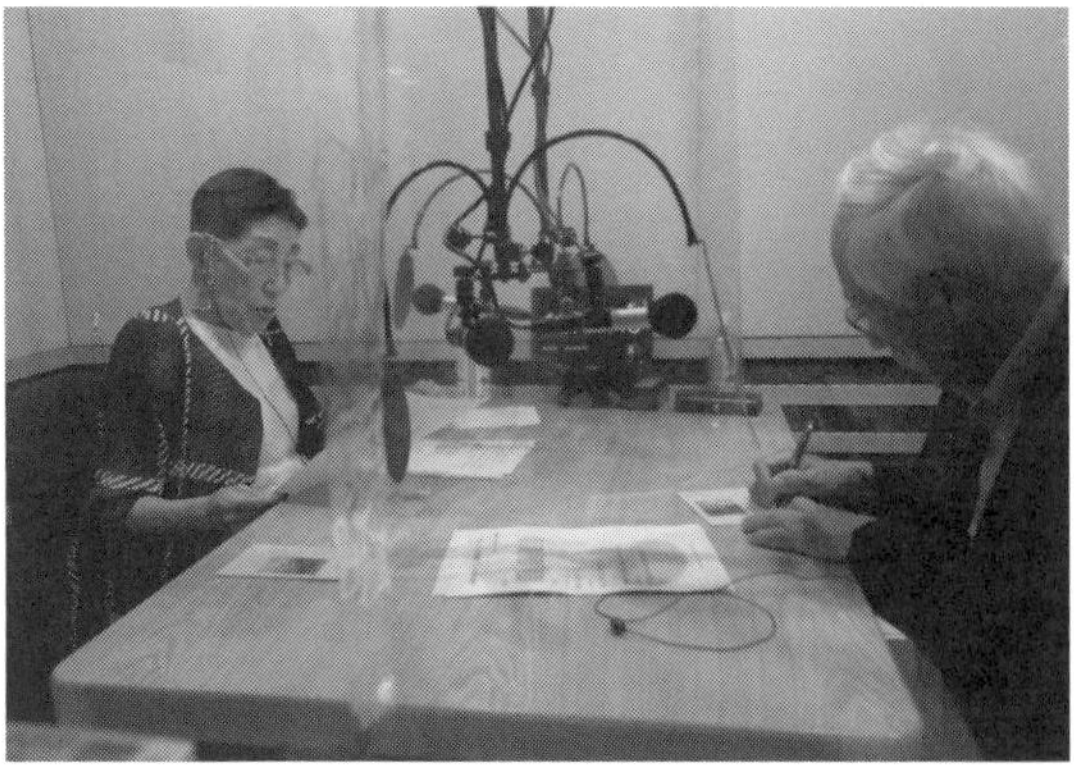

N　いやいや。だいぶね、緊張も緩んできたのよ、この頃は。

A　確かにね。さ、もう一通メールをご紹介したいと思います。福島県相馬市にお住いのラジオネーム【ももちゃん】から頂きました。福島県の相馬ですから、宮城県のＴＢＣラジオ、東北放送ラジオをお聴きになるのかな、と思ったりもします。これも、男性女性わかんないですが。ももちゃんって男性ですか？　女性ですか？

N　女性じゃない？

A　女性にしときましょう。

N　えっ、男性？

A　男性だそうです。別にガッカリして急にトーンを落とすことないじゃないですか。

N　いやいや、そうじゃなくて。可愛い名前つけたのね。

A　そうですね。ももちゃん。はい、ラジオネームももちゃんから頂いたメールです。『拝啓、仲春の候いかがお過ごしでしょうか。私はただ今、御朱印集めにハマっております。今まで92個の御朱印を集めました』。

N　あー。御朱印っていうのは、神社仏閣へ行って来ましたよっていうのを御朱印帳に判子を押してもらうんですね。

A　のり姐さん、そうですか、御朱印帳ってのはやってらっしゃいます?

N　やってない。やってないんだけど、友達で御朱印集めのために全国を回ってる人はいるわ。ちょっとね、今のコロナ騒動では行けないかもしれないですけど。やっぱり気持ちいいもんなんじゃない。お参りして。

A　そうなんですね。そこへ行ったよって証拠になりますしね。御朱印帳をあとで見て、この時はこうだったなっていう風に思い出したりなんかするもんなんでしょうかね。

N　だと思いますよ。ここのお寺に行ってお参りしたとかっていう風に、それを見ながら思い出すんじゃない。何冊も持ってる人もいますもんね。

A　そうですね。だから四国の巡礼なんていって88か所巡りなんかやると、やっぱり御朱印帳にバタバタと押してもらうんでしょうね。私ね、御朱印っていうのは押したことありませんけど、判子を押すのは自信があります。

N　なんで?

A　ニッポン放送にいました時に、表彰状とかに会社の社印を押す仕事をしていたことがあるんです。でね、あれは一発勝負でしょ。ズレたりなんかしちゃいけないわけです。曲がってもいけないんです。難しいですよ。だから、息をスーッと吸い込んでね、止めて、いっぺんでサッと押して、そのままクックックックッと四隅を押してですね、で、パッととるんです。

「現場の東海林です。斉藤安弘アンコーです」

N　印鑑ってそうなのよね。ギューッと四隅を押さないとダメなのよね、あれ。

A　そうなんです。だから私は自信ありますよ。御朱印帳なんかに押したら、キレイに押して差し上げることできると思いますよ。

N　それ、お寺に関係ないじゃないの。

A　そうですね（苦笑）。

N　前にアンコーに話したことなかったっけ？　私の友達がね、友達って言ってもすごく若いお嬢さんが結婚したの。それでお寺にお嫁にいったんですよ。そしたらね、最近私、お習字習い始めたのっていうの。どうして？って聞いたら、御朱印の字が汚すぎるって文句言われたんだって。

A　あ、そうですか・・。

N　お嫁さんにいって、それを書かなきゃなんなくなって、何回か書いたんでしょ。そしたら檀家さんから、どうも字が下手だっていわれて、慌ててお習字習いに行ってるって。

A　そうですか。ま、でもあれもね、練習しないとダメでしょうからね。

N　ホントにキレイに書くものね。

A　丸文字じゃまずいですもんね、やっぱりね。さて、ラジオネームももちゃんから、リクエストしたい曲がありますってことで頂きました。
『AKB48の365日の紙飛行機か星野源さんの恋です。なにとぞよろしくお願いいたします』ということですが、どっちにしますか？

N　この間、星野源さんかけたわよね。じゃ、48にします？　いいかな、ももちゃん。

A　私はAKB48がいいなと思います。だって、たくさん若い女の子いますもん。

N　あー、いやらしい。

A　星野源だと一人でしょ？　若い女の子いっぱいいいた方がいいんで。

N　誰か好きな子います？

A　いや、わかりません。みんな同じ顔にみえて。

N　わかるはずがないのよ。

A　だから、欅坂みようが、なんとか坂みようがですね、おんなじ顔にみえてね。

N　この間、欅坂かけたわね。

A　そうでしたね。じゃ、それに負けずにＡＫＢ48で。でも、もともと、なんとかかんとかっていうのは、この48が初めてでしょ？　それではＡＫＢ48で３６５日の紙飛行機。

M　３６５日の紙飛行機　ＡＫＢ48

A　福島県相馬市にお住いのラジオネームももちゃんのリクエスト、ＡＫＢ48で３６５日の紙飛行機でした。
では、さらにメッセージをご紹介したいと思います。神奈川県横浜市のちっぴーほさん。初めてですね。

『のり子さん、アンコーさん、こんにちは。横浜市からラジコプレミアムで、故郷の東北放送経由で聴いております』

リクエスト曲、これがすごいんですよ。「パーディド」という曲でしてね、デューク・エリントンか、

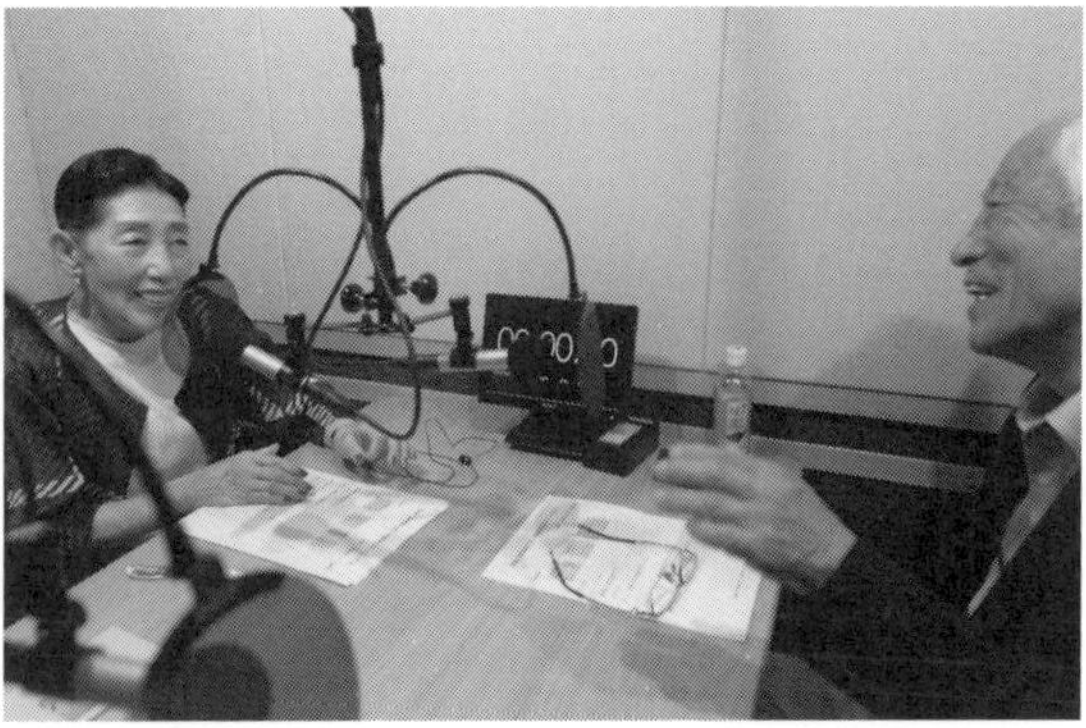

「現場の東海林です。斉藤安弘アンコーです」

どなたかおススメの演奏でも結構です。というんですけれども。

N　デューク・エリントンでしょ！

A　エリントンのは、1942年がオリジナルの録音なんですよ。1942年ってことは、太平洋戦争が始まって大変な時にデューク・エリントンは、この曲の録音をやってた、そういう曲なんですけれども。この、ちっぴーほさんが、リクエスト曲の思い出っていうのを書いてくださいました。
『1982年、昭和57年の夏休み、仙台のデパートの紳士服コーナーでジャズライブの司会をされていた糸居五郎さんのお姿につながります。ライブのアンコール曲は、お客さんのリクエストで「パーディド」でした。バンドが演奏の打ち合わせをする間に、あのラジオから聴こえてきた声と口調でパーディドの曲にまつわるエピソードをまさにアドリブで話されていました。糸居さんはスリムでダンディなお姿でした。ちなみに、ジャズ演奏はジョージ川口さんのクインテットでした。忘れるわけにいかない貴重なライブでした』。ということなんですよ。

N　わー、思い出のある曲なのね。

A　そうなんですね。まあ、これはですね、デューク・エリントンしかないと思いますけれども、このパーディドという言葉なんですけど、もともとはスペインの言葉でしてね。読み方としては、「ペルディード」というのが正確な読み方。ここでは、パーディドと英語読みにするんですが、意味はね、ロスト。失うという意味なんです。あるいは、迷うとか夢中になる、途方に暮れたという意味なんだそうです。で、これを作ったのがプエルトリコのサンファン出身でデューク・エリントンのバンドに在籍しておりましたトロンボーンプレイヤーのファン・ティゾールが１９４１年に作った曲なんです。一所懸命調べましたよ。私も。

N　ハハハ。よく知ってると思ったわ。

A　でね、ニューオリンズ。ルイジアナ州の。ニューオリンズにはルイ・アームストロングが少年時代を過ごしたパーディドストリートというのがありましてね、そっからこのタイトルがとられたということのようです。私ね、大学の時にね、ビッグバンドの司会をやっていたことがありましてね。そのバンドが、よくこのパーディドを演奏してました。

N　あの頃はジャズが溢れてたわよね。

A　そうですね。あのジョージ川口さんという方は、カッコいい人ですよね。覚えてます？ちょっと髭はやした人で。

N　覚えてるわよ。

A　でね、あの人はね、飛行機のライセンスを持ってた人なんですよ。で、ドラムスでもってね、ジョージ川口ってカッコよかったですけどもね。それから糸居さん。糸居五郎さんもカッコよかった。

N　カッコよかった。オシャレでね。

A　茶の良く似合う方で。茶色のスーツをよく着てらっしゃった。

N　そうね。私、深夜にニッポン放送の第5スタジオかな。あそこで糸居さんが一人で円盤回してやってるのよね。覗きに行ったことある。ホント、ちっぴーほさん、当時を思い出してリクエストくださったのね。ありがとうございます。

A　仙台のデパートの紳士服コーナーでジャズのライブが行われていた。

N　なんか雰囲気あってるわね。

A　それではちっぴーほさんのリクエストです。デューク・エリントンでパーディド。

M　パーディド　　デューク・エリントン

A　リクエストにお応えいたしまして、デューク・エリントンの演奏でパーディドを聴いていただきました。
残念ながら、もうお別れの時間がやってきてしまいました。番組ではお宝にもなりますオリジナルのポストカードを作っております。このポストカードは、お便りをいただいた方にお一人一枚プレゼントさせて頂いております。私たちのサインといいますかね、署名も入れさせていただきます。ご希望の方は、メール、はがき、FAXでも受け付けております。はがき封書は、お聴きの放送局までお願いします。是非、リクエスト曲も添えてお送りください。メールの場合は、ホームページにメールの送信フォームがありますので、それをご利用ください。ホームページのアドレスは、norian.jp です。(メールアドレスとFAX番号は割愛)どしどしお寄せください。

N　それでは次回までお元気で。以上、現場から東海林のり子と、

A　斉藤安弘、アンコーでした。それでは、また、

N&A　ごきげんよう。

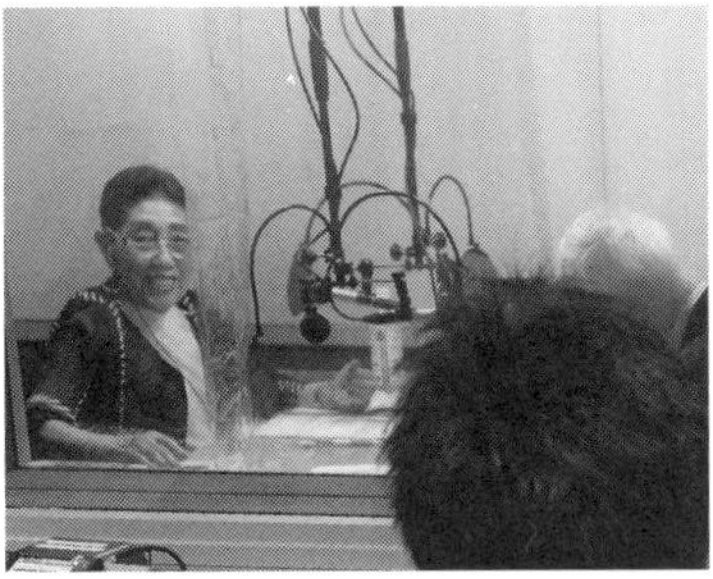

fontec スタジオ

「現場の東海林です。斉藤安弘アンコーです」

KBS 京都ラジオ	金曜日	5:15-5:45
RNC ラジオ（香川）	土曜日	11:30-12:00
TBC ラジオ（宮城）	土曜日	7:10-7:30
RKC ラジオ（高知）	日曜日	11:30-12:00
MRO ラジオ（石川）	月曜日	18:45-19:00

ラジコなどのアプリを使うと全国各地でお聴きいただけます

50代から作る人生の重石《おもし》

幼い頃からラッキー人生を送ってきた私にとってワイドショーの仕事は、初めて現実と向き合わせられた大きな転機でした。特に事件リポーターをするようになってからの50代から60代は、自分の中に芯のようなものができた10年だと思うんです。

実は私は、50代からが人生で最も大事な時期だと思っています。ここをおろそかにすると、その先の人生はフワフワしたまま。自信を持てず他力本願な人間になってしまうんです。だからこそ50代は、その人の最終的な土台を作るとても重要な時期だと思っています。

私にとっても、50代で確立した事件リポーターという仕事は、人生においてなくてはならないものになりました。様々な事件と向き合い、悩み、苦しみ、そしてひたむきに働いた日々は、かけがえのない財産になっています。

60代からを正しく楽しく生きるためには、50代からの10年間で心の重石を作るような生き方をすること。それさえできれば、どんなに不幸になっても、貧乏になってもなんとか生きていけるものです。

たとえ、それまでの人生がフラフラしていたとしても、50代までになにかひとつでもやり遂げたものがあると、その先の人生に自信を持てるようになると思うんです。

この本を読んでいる方が、50歳以下、または丁度50代から60代真っただ中の方なら、思い切ってなにかやってみたいことを始めてみませんか。すでに始めているなら、それをさらに極めましょう。また、これから始めることに抵抗があるなら、なにかをやめてみるのもいいでしょう。始めてもやめても、あなたの老後の生活はきっと豊かになるはずです。

この本を読んでいる方が、70代以降なら、誕生からの自分史を作ることをお勧めします。ある程度作っていくと、どこで自分の核のようなものができたのかがわかるはずです。大したことがないと思っている人生にも、自分だけの重石は必ずあるものです。この時にこんな苦労をしていたのかとか、この時はいい仕事をしたなとか、そんな風に自分の過去を振り返ることで、思いがけず人生の重石を発見できるかもしれません。

歳をとったから、もう無理とか、おしまいだと思うのではなく、残りの人生を自分らしく我がままに生きてみる。それこそが老後を楽しく有意義に過ごすコツだと思っています。

手始めに、終活のエンディングノートをつけながらでもいいので、これまでの自分史を作ってみませんか。それが完成したら、今度は自分史を増やすために、どんどんやりたいことをやってみる。それは、きっと人生をこれまでよりもさらに充実したものにしてくれると思います。そして最期は、気づけば１００歳！　なんて、幸せな瞬間を迎えられるはずです。

あとがき

この本のインタビューを受けたのは今年4月はじめのこと。新型コロナウィルスによる緊急事態宣言が発令される直前のことでした。86年生きてきて戦争も経験した私ですが、世界中が震撼するこんな事態は初めてのことです。自粛中は、以前にも増して本を読みあさり、健康オタクに拍車をかけました。世の中のほとんどの人がステイホームを守っていたので、私もストレスなくゆったりとした時間を過ごせたと思います。

本来なら、今頃2度目となる東京オリンピックで盛り上がっていたはず。この本も、もっと早く出版できていたはずです。そう思うと、人生って本当に何があるかわかりませんね。いや、むしろこれからは、何が起きてもおかしくない時代に突入しているのかもしれません。それでも、私は今こうして生きている。

だからこそ、常に逞しく柔軟でありたい。先のことを嘆くより、変わりゆく今この瞬間を大事にしようと、自宅でコロナ自粛をしながら86歳の私は心に誓ったのです。

東海林のり子

我がままに生きる。

2020年8月23日 初版第1刷発行

[著者プロフィール]

東海林のり子　しょうじのりこ

1934年、埼玉県浦和市(現さいたま市)生まれ。リポーター及びラジオパーソナリティ。立教大学卒業後、ニッポン放送入社。退社後、フジテレビ「3時のあなた」でリポーターデビュー。主に事件リポーターとして活躍した。そのリポートぶりは、「現場の東海林です」というフレーズが浸透するほど卓越していた。晩年はX JAPAN、LUNA SEA、MIYAVIなどとの交流を深めており、「ロッキンママ」の異名も持っている。1994年度の日本女性放送者懇談会賞（現 放送ウーマン賞）を受賞。

構　成	赤沢奈穂子
デザイン	井上将之
撮　影	井上慎
編　集	原田聖也、山根悠介
営　業	斉藤弘光
発行人	佐野裕
発　行	トランスワールドジャパン株式会社 〒150-0001 東京都渋谷区神宮前6-25-8 神宮前コーポラス TEL:03-5778-8599 / FAX:03-5778-8590
印刷・製本	中央精版印刷株式会社

Printed in Japan

ISBN 978-4-86256-290-6